BULLETIN

DE

L'Association Littéraire et Artistique

INTERNATIONALE

Fondée sous la présidence d'honneur de VICTOR HUGO

COMPOSITION DU BUREAU

(Session 1888-1889)

Présidents perpétuels

MM. J.-M. TORRÈS CAÏCEDO   MM. LOUIS ULBACH
EMILE AUGIER   NUMA DROZ
PIERRE ZÁCCONE   L. CHODZKIEWICZ

Secrétaire perpétuel

M. JULES LERMINA

Présidents de la Session

MM. LOUIS ULBACH — LOUIS RATISBONNE — ADOLFO CALZADO — F. BÆTZMANN

Vice-Présidents

MM. E. POUILLET — ARMAND DUMARESQ
LADISLAS MICKIEWICZ — LOUIS CATTREUX — CLIFFORD MILLAGE

Secrétaire général

M. CHARLES EBELING

Secrétaires

MM. A. OCAMPO — LANFRANCHI — R. CHÉLARD

Trésorier   **Agent général**

M. JOSEPH KUGELMANN   M. HENRI LEVÊQUE

SIÈGE SOCIAL & AGENCE : 17, rue du Faubourg-Montmartre, PARIS

DEUXIÈME SÉRIE. — N° 11. — NOVEMBRE 1888.

LISTE DES MEMBRES DE L'ASSOCIATION

MEMBRES PROTECTEURS

M. le Président de la République française.
S. M. Humbert Ier, roi d'Italie.
S. M. Léopold II, roi des Belges.
S. M. don Luiz, roi de Portugal.
S. M. Elisabeth, reine de Roumanie.
S. A. R. le Prince de Galles.

MEMBRES DU COMITÉ D'HONNEUR

Allemagne.

MM. Friedrich Bodenstedt.
Gustave Freytag.
Paul Heyse.

Amérique latine.

MM. Rafael Zaldivar.
Torrès Caïcédo.
Manuel de Peralta.

Angleterre.

MM. J.-A. Froude.
W.-E. Gladstone.
Fraser Rae.
Max Muller.
W. Knighton.

Autriche.

MM. Bauernfeldt.
Louis Speidel.
Joseph Unger.
Hans de Witezek.

Belgique.

MM. Rolin Jacquemyns.
Beernaërt.
Gallait.
Gevaert.

Danemark.

M. P. Holst.

Espagne.

MM. Emilio Castelar.
Marquis de Casa Laiglesia.
Gaspar Nunez de Arce.
Juan Valéra.
Don Segismundo Moret y Prendergast.
Don José de Echégaray.
Don Manuel Tamayo y Baus.
Don Benito Perez Galdos.

France.

MM. Jules Grévy.
Jules Ferry.
Ferdinand de Lesseps.
Jules Simon.
Louis Ulbach.
Pierre Zaccone.
Jules Lermina.
Fallières.
Meissonier.
Bardoux.
Pouillet.
Jules Oppert.
Louis Ratisbonne.

Hongrie.

MM. Maurice Jokay.
Charles Szasz.
Munkaczi.

Italie.

MM. Paolo Ferrari.
Cesare Cantu.
le comte Tiépolo.
Paulo Fambri.
De Leva.

Norvège.

M. Fr. Baetzmann.

Pays-Bas.

MM. Asser.
Van Duyl.

Pologne.

MM. Théophile Lenartowicz.
Chodzkiewicz.
Henri Sienkiewicz.

Suisse.

MM. Ruchonnet.
Numa Droz.
Carl Vogt.

MEMBRES DU COMITÉ EXÉCUTIF (1888-1889)

Allemagne.

MM. Carl W. Batz.
Dr W. Lœwenthal.
Robert Schweichel.
Gustave Diercks.

Angleterre.

MM. G.-A. Henty.
Léon Delbos.
Clifford Millage.
Campbell Clarke.
G.-H. Escott.

Autriche.

MM. Hugo Wittmann.
Edgar Spiégel.
A. Friedmann.

Belgique.

MM. E. de Laveleye.
Louis Cattreux.
Cluysnaer.
Radoux.
Wilbaux.
Frans Gittens.
De Borchgrave.
Dillens.
Jules Carlier.

Danemark.

MM. Richard Kauffmann.
Robert Watt.

Espagne.

MM. A. Calzado.
Castillo y Soriano.
Merry del Val.
Carlos Luis de Cuenca.
Eduardo Caballero de Puga.

France.

MM. A. Belot.
Mario Proth.
Alb. Liouville.
Alph. Pagès.
Armand Dumaresq.
L. Lyon-Caen.
Ch. Lyon-Caen.
Ed. Clunet.
Ch. Ebeling.
Le Bailly.
V. Souchon.
Doumerc.
Tony-Robert Fleury.
Bayard.
Lionel Laroze.
Al. Cahen.
Beaume.
J. Kugelmann.

MM. J. Hetzel.
A. Lefeuvre.
Adrien Marie.

Hongrie.

MM. A. Saissy.
L. Pulski.
De Szemere.
Dr Nordau.
R. Chélard.
V. Rakosy.

Italie.

MM. Carlo del Balzo.
Al. Kraus.
Fel. Carrotti.
Castori.
Molmenti.
Bolaffio.
Mayrargues.
Polacco.

Pays-Bas.

MM. G.-E.-V.-L. Van Zuylen.
G.-A. Van Hamel.
Taco H. de Beer.
A.-C. Wertheim.
W. Wintgens.

Pologne.

MM. Lad. Mickiewicz.
Rechniewski.
Pawlowski.

Portugal.

MM. Ed. Coelho.
Pinheiro Chagas.

Roumanie.

MM. Georges Djuvara.
B.-P. Hasdeu.

Suisse.

MM. Ed. Tallichet.
G. Becker.
Aloys d'Orelli.
Henri Morel.

CONGRÈS DE VENISE

I

FÊTES & RÉCEPTIONS

Pendant la durée du Congrès, tenu à Venise, par l'Association, du 15 au 22 septembre 1888, les réceptions et les fêtes se sont succédé sans interruption. La cordialité qui n'a cessé d'être manifestée à tous les membres du Congrès par les hôtes qui nous recevaient, nous fait un devoir, comme témoignage des remerciements dont nous leur sommes redevables, de commencer par en donner ici la nomenclature.

Le soir de l'ouverture du Congrès, un concert a eu lieu sur la place Saint-Marc, qui était illuminée ainsi que la Piazzetta.

Le lendemain, dimanche, les membres du bureau du Congrès étaient conviés par M. le commandeur Paulo Fambri, président du Comité d'organisation et l'un des présidents du Congrès, à un banquet qu'il leur offrait, ainsi qu'aux membres du bureau d'organisation, dans l'établissement de bains de mer du Lido.

M. le comte Tiepolo, syndic de Venise, était au nombre des invités.

Un bateau à vapeur mis à la disposition des congressistes les a ramenés à Venise pour assister aux illuminations et au feu d'artifice qui a été tiré dans le bassin de Saint-Marc.

Le mardi soir, une sérénade était organisée sur le grand canal. Une immense barque brillamment illuminée, sur laquelle se trouvait la musique municipale a parcouru tout le grand canal en s'arrêtant successivement devant la municipalité, le palais Foscari, la Préfecture, Notre-Dame-du-Salut et le Jardin Royal. Le programme du concert exécuté avec beaucoup de perfection a provoqué les applaudissements des assistants qui se trouvaient, tant sur les gondoles qui formaient cortège qu'aux fenêtres des palais bordant le grand canal illuminé à la lueur des feux de bengale.

Les membres du Congrès ont pu jouir de ce spectacle, d'abord du Palais municipal et ensuite de celui de la Préfecture, où M. le comte Tiepolo et M. le baron Brescia Morra, préfet de la province, les avaient successivement conviés.

L'après-midi du mercredi 19 a été consacré à une excursion à travers les lagunes de Venise, à la visite des îles de Burano, Torcello et Murano.

Quatre bateaux à vapeur de la Compagnie des lagunes, pavoisés et sur lesquels se trouvaient des orchestres, étaient mis à la disposition des invités reçus à leur embarquement par M. le comte Tiépolo.

Le départ a eu lieu à deux heures pour Burano, où l'arrivée fut des plus pittoresques et l'accueil le plus cordial de la part du maire et de la population. Les rues étaient pavoisées et les vivats des habitants des plus chaleureux ; après une visite à l'école des jeunes dentellières, fondée et dirigée par Mme la comtesse Marcello, les congressistes furent conviés à un lunch disposé d'une façon charmante dans un jardin. Mme la comtesse Marcello en a fait les honneurs avec un accueil et une grâce parfaite.

L'excursion s'est ensuite dirigée vers Torcello où l'on a visité le musée d'antiquités et la cathédrale et est arrivée à 5 heures 1/2 à Murano où la municipalité attendait les excursionnistes depuis plus de deux heures.

L'heure tardive n'a permis que de faire une courte visite au musée et le programme projeté a dû être forcément abrégé. La musique municipale n'a cessé de se faire entendre pendant le séjour des excursionnistes. Tant à l'aller qu'au retour, des rafraîchissements leur étaient continuellement présentés sur les bateaux.

Le jeudi soir, la ville de Venise conviait ses hôtes à une nouvelle fête dans le bassin de Saint-Marc. La Société de navigation italienne avait invité les membres du Congrès à assister à l'embrasement par des feux de bengale des palais et des monuments bordant le bassin de Saint-Marc et de la rade, sur le vapeur *Taormida*, pavoisé et illuminé. Les invités reçus à bord par le capitaine Salaris, qui faisait les honneurs au nom de la Compagnie, ont pu contempler à leur aise le splendide spectacle qui leur était offert. Après avoir fait honneur au buffet qui était dressé dans le salon du bord, ils ont regagné sur des petits vapeurs, mis à leur disposition, la place Saint-Marc illuminée à giorno et où la musique municipale se faisait entendre.

Le vendredi 21, à 9 heures du matin, deux bateaux à vapeur de la Société vénitienne des lagunes prenaient au quai des Esclavons les membres du Congrès accompagnés des représentants de la municipalité et d'invités parmi lesquels les dames étaient en grand nombre.

A Fusina, des trains-tramways qui attendaient les invités, partirent à 10 minutes d'intervalle, longeant les rives pittoresques de la Brenta, et s'arrêtèrent à Mira pour permettre de visiter le palais Contarini où logea le 26 août 1594 Henri III, roi de Pologne, qui se rendait en France. Après avoir contemplé la grande salle peinte à la fresque par Tiepolo, les membres du Congrès remontèrent dans les trains-tramways qui les amenèrent à Padoue où des voitures les attendaient pour les conduire au palais municipal.

Le comte Tiepolo présenta les membres du Congrès à la municipalité de Padoue, rappelant que c'est dans cette ville célèbre par son Université que Galilée découvrit une grande partie du ciel, et ajoutant en terminant que cette visite aura pour conséquence de resserrer encore davantage les liens qui unissent comme deux sœurs les villes de Padoue et de Venise.

M. le marquis Manfredini, délégué par la ville de Padoue, dans un langage élevé, salua ensuite les membres du Congrès en disant que leurs travaux scientifiques auront comme conséquence de contribuer à la paix universelle.

M. L. RATISBONNE s'est ensuite exprimé en ces termes :

« Ce n'est pas sans émotion que nous répondons à l'éloquente bienvenue que nous adresse M. le marquis Manfredini au seuil de cette antique Université, la plus ancienne et la plus illustre après notre Sorbonne de Paris, dans cette glorieuse Padoue où planent à jamais les ombres qui s'appellent Galilée, Dante, Giotto et qui s'enorgueillit d'une suite ininterrompue d'hommes illustres, depuis Tite-Live dont vous avez le tombeau, jusqu'à l'historien vivant de Charles-Quint, M. de Leva que je vois ici devant moi... »

M. Ratisbonne est interrompu à ce moment par des applaudissements prolongés.

« Mon intérêt, je le sens, est de n'en pas dire davantage; je remercie encore M. Manfredini, je remercie Padoue d'avoir mis sa main dans la main de Venise pour nous faire un si bel accueil. »

Après une collation offerte dans la grande salle des fêtes du palais municipal, les membres du Congrès regagnèrent les voitures mises à leur disposition pour visiter les monuments et les curiosités de la ville.

Au retour, le train s'est arrêté à Stra pour voir la villa royale, et à sept heures du soir on arrivait à Venise.

Le lendemain, un banquet qui réunissait plus de deux cents convives parmi lesquels on comptait le comte Tiepolo, les assesseurs de la municipalité, les conseillers, le consul de France, etc., était offert aux congressistes par le comité d'organisation du Congrès dans la grande salle de l'établissement du Lido. Ce banquet s'est terminé par de nombreux toasts adressés au Roi, à la France, à l'Espagne et aux autres nations, à Venise et à la presse vénitienne.

La ville de Trévise nous avait en outre conviés à visiter son exposition d'horticulture et de fleurs, mais malheureusement le temps ne nous a pas permis de répondre à cette invitation.

Tel est le résumé bien succinct des réceptions et des fêtes auxquelles nous ont conviés la municipalité de Venise, la province et le gouvernement, et dont nous garderons toujours un charmant et précieux souvenir.

II

CONFÉRENCES

Différentes conférences ont été faites pendant le Congrès. Ces conférences seront réunies en un recueil qui fera l'objet du prochain bulletin.

Nous nous bornerons aujourd'hui à en donner les sujets.

Conférence par M. le professeur P.-G. Molmenti :

Venise, son art et sa littérature dans ses rapports avec la France.

Conférence par M. le chevalier Castellani :

Les privilèges en librairie et la propriété littéraire à Venise depuis l'introduction de la presse dans la Ville jusqu'à la chute de la République.

Conférence par M. le professeur de Leva :

Marino Sanuto et du rôle de la chronique dans l'histoire.

Conférences par M. A. Calzado et M. le professeur Fradelletto :

Goldoni et le théâtre comique en Italie.

III

COMPTE RENDU DES TRAVAUX

Séance préparatoire.

L'Association littéraire et artistique internationale a tenu à Venise, du 15 au 22 septembre 1888, son dixième Congrès pour la défense de la propriété littéraire et artistique.

Elle a procédé, le samedi 15 septembre, à 9 heures du matin, dans une séance préparatoire, à l'élection du bureau, qui a été constitué comme suit :

Présidents : M. le commandeur PAULO FAMBRI, ancien député, conseiller provincial, président de l'Athénée, M. le commandeur DE EVA, profeseur à l'Université de Padoue, M. LOUIS RATISBONNE et M. ADOLFO CALZADO, présidents du Comité exécutif de l'Association, M. le général TURR.

Vice-Présidents : M. le commandeur PAOLO FERRARI, M. le commandeur MARCO DIENA, M. CLIFFORD MILLAGE, M. JULES OPPERT, membre de l'Institut, et M. EUGÈNE POUILLET, avocat à la Cour d'appel de Paris, délégués du ministre de l'instruction publique de France, M. le professeur GHERARDO MOLMENTI, M. JOSE DEL CASTILLO Y SORIANO repésentant du ministre de la division de l'instruction publique d'Espagne, M. LOUIS GATTREUX, représentant de la Société des composieurs et auteurs de Belgique ; M. HENRI MOREL, secrétaire du bureau international de Berne ; M. LE BAILLY, délégué de la Société des éditeurs de musique ; M. DE HESSE WARTEGG, délégué de la Société française des éditeurs de musique.

Secrétaires : M. JULES LERMINA, secrétaire perpétuel de l'Association ; M. CHARLES EBELING, secrétaire général de l'Association ; M. GUSTAVE MAYRARGUES, M. ARMAND OCAMPO, secrétaire de l'Association et M. RAOUL CHÉLARD.

M. JULES LERMINA donne des détails sur l'organisation des travaux du Congrès et annonce qu'une commission d'études se réunira tous les matins sous la présidence de M. Pouillet, et il invite les membres à l'assiduité, en leur rappelant que le calme et la netteté des discussions sont les premières conditions de la bonne tenue et de l'intérêt pratique des Congrès.

La séance est levée à 10 heures.

Séance solennelle d'inauguration.

—

Le samedi 15 septembre 1888, à 1 heure de l'après-midi, dans la grande salle du Sénat, au palais ducal, à Venise, a eu lieu la séance d'inauguration du 10e Congrès tenu par l'Association littéraire et artistique internationale, conjointement avec celle du Congrès italien de météorologie.

La ville de Venise a voulu donner à cette cérémonie un grand éclat, et sur l'estrade des places étaient réservées, auprès des présidents de l'Association, à M. le baron Brescia Morra, président de la province, à M. le comte Tiepolo, remplissant les fonctions de syndic de la ville, aux membres de la municipalité, aux réprésentants des ministres, aux sénateurs, aux députés, au corps consulaire, à M. le vice-amiral Martini, à M. le commandeur Barozzi, directeur des galeries royales, aux membres de l'Institut de Venise et de l'Athenée ; aux membres du Bureau de l'Association.

M. le préfet Brescia Morra, ayant à sa droite M. Louis Ratisbonne, président de l'Association littéraire, et à sa gauche, M. le comte Tiepolo, occupe le fauteuil présidentiel. Il prend la parole en italien, annonçant qu'il a reçu une dépêche de S. M. le roi d'Italie, président honoraire de la Société italienne de météorologie et une autre de l'honorable M. Boselli, ministre de l'instruction publique, le chargeant de les représenter à cette solennité. Il est flatté d'être désigné pour remplir cette mission, et il salue les membres des Congrès au nom de l'Etat et du gouvernement, avec la conviction que leurs travaux seront également utiles au progrès des sciences, des lettres et des arts.

M. le comte Tiepolo s'exprime en italien :

DISCOURS DE M. LE COMTE TIEPOLO

Mesdames et Messieurs,

« Je vous salue au nom de ma ville natale, au nom de Venise fière et heureuse de pouvoir prouver à ses hôtes, combien ils lui sont chers.

« En présence de cette mer qui donne de l'éclat à cette fête par sa couleur, par le baiser de ses lames, par l'ondulation de son reflux sous ce beau ciel où le soleil et les étoiles sourient d'amour, soyez les bienvenus illustres représentants de la science qui scrutant les horizons en étudiant l'équilibre terrestre découvrez les lois qui gouvernent le monde et mettent l'homme à même de faire une nouvelle conquête sur les forces de la nature. Et vous qui défendez le droit sacré des travailleurs de l'intelligence, dans les lettres, dans les arts, dans la musique, soyez les bienvenus sur cette terre où pendant trois siècles une république a mis sa gloire à pratiquer ce qui était juste, pour qui les lettres ont été un culte, les beaux-arts un autel et la musique l'âme de tout un peuple.

« Dans cette réunion solennelle dont le mérite revient à votre noble association, et où l'Italie comme une sœur et toutes les nations vont célébrer cette grande fête de l'intelligence, je pense rester dans la vérité comme tout le monde en disant que la science va créer et cimenter une solidarité indissoluble entre les peuples libres.

« Messieurs, en quittant votre patrie vous venez ici comme nos amis, il faut que vous nous quittiez comme nos frères, la ville des Doges vous envoie un salut affectueux, en pensant que son histoire, la grandeur de son art seront pour vous une source nouvelle d'une plus grande aspiration vers le sublime, vers la liberté de la pensée humaine, dont vous êtes, Messieurs, et resterez toujours les plus ardents et victorieux champions !

M. le commandeur PAULO FAMBRI prononce le discours suivant en italien :

DISCOURS DE M. FAMBRI.

« Lorsque l'on entreprend quelque chose de pratique et d'utile, il faut pouvoir, en quelques mots, s'expliquer à soi-même et expliquer aux autres le but auquel on tend, la raison qui fait agir et la façon dont on veut qu'elle s'accomplisse. Si aujourd'hui, cela n'est pas possible, si l'on est obligé de s'en tenir à la théorie et d'en différer l'application, c'est que la moyenne des intelligences et des esprits est trop ignorante, et forme un obstacle au rayonnement de la vérité et à l'exercice du droit.

« Alors, malgré l'impatience de quelques-uns, il faut chercher à être plutôt calmes que brefs, sincères qu'agréables, expliquer les choses avec tranquilité, ne négliger aucuns détails pour exposer aux yeux de tous leur raison d'être, les rendre pratiques en détruisant l'ignorance, les répugnances naturelles et ce qui est pire, tout esprit et toute idée de parti pris.

« Dans cette grande France à qui la civilisation est redevable, grâce à cette utile Association de l'initiative de la protection efficace de la propriété littéraire qui est la plus juste et la plus personnelle de toutes, cette idée, loin de rencontrer des répugnances, était déjà dans l'esprit et dans la conscience de presque tous.

« Dans cette grande France, où la littérature ayant comme point de vue la civilisation a été non seulement le premier mais le plus puissant instrument de toutes les conquêtes du progrès, on comprenait qu'aucune œuvre importante ne pouvait être isolée et instable, mais que pour lui donner de la consistance et en faire un élément durable de grandeur civile, il fallait lui donner une condition certaine et continue de vitalité morale et économique. Chez elle, on ne rencontrait pas les idées préconçues et les préjugés qui existent chez nous, ils étaient vaincus et détruits par les mêmes idées qui les soutiennent encore aujourd'hui.

« Dans les premiers temps de liberté qui succèdent aux longues périodes de servitude et d'avilissement, dans les premiers temps d'existence d'une science manquant encore d'expérimentation et de pratique et qui succèdent à une époque dogmatique, on a eu surtout à combattre de nobles adversaires qui, durant la lutte, avaient une grande autorité et une certaine valeur morale et politique.

« Alors, ce qui n'est certes pas un travail facile et agréable, il faut combattre des opinions, déraciner des phrases qui sont de terribles armes de résistance contre lesquelles a à lutter tout esprit de domination doctrinale et politique ; parce qu'elles sont plus simples que la vérité, plus sonores que la justice et que dès lors elles sont plus facilement comprises et proclamées par les intelligences les plus vulgaires.

« Parmi ces phrases fausses et sonores se trouvent celles qui rejettent toute idée de faire une chose mercantile d'une production de l'esprit.

« Le plus grand succès obtenu résidait dans l'idée de l'incompatibité des choses intellectuelles avec la nécessité de satisfaire aux exigences de la vie réelle. On repoussa toujours comme dégradant le rapport entre une valeur morale et une valeur économique, et grâce à des écrivains achetés et corrompus, on est arrivé, ou à peu près, à faire exclure les travaux littéraires du nombre de ceux qui reçoivent un salaire effectif et régulier, sous le prétexte qu'il est indigne de chercher l'équivalent d'un travail de l'esprit.

« On rendit impossible à quiconque avait du talent et une valeur personnelle de faire une œuvre nécessitant un grand travail, en lui enlevant tout moyen de se procurer la vie matérielle et en voulant qu'il mûrit sa pensée avec un noble désintéressement et un mépris philosophique des richesses. C'est ainsi que s'enracina parmi nous une idée étrange et même opposée aux véritables conditions qui peuvent engendrer la dignité de la production et du producteur. Et pourtant, nous avons ici beaucoup de monde, et je constate qu'il constitue une véritable majorité, qui regarde comme un bonheur notre désintéressement du travail littéraire et scientifique, et qui porte aux nues notre pays comme le dernier asile des mœurs du bon vieux temps, parce que la production littéraire n'est pas encore ce que l'on appelle une source de bénéfices, parce que l'art d'écrire à l'exception des bureaucrates et des comptables, n'est pas encore considéré comme un moyen de gagner sa vie, que les études sont un ornement et non une profession. Aussi tous ceux qui se désintéressent ainsi des études bien entendues et de la vie réelle, dédaignent et repoussent toute expression de propriété littéraire comme étant une antithèse du *désintéressement* qu est si utile aux déclamations et au romantisme, mais qui est si contraire à tout jugement élevé et pratique et à toute convention qui a un but réellement moral et social.

« Il peut sembler naturel qu'un Congrès sur la propriété littéraire tenu dans de telles conditions morales et scientifiques puisse paraître en quelque sorte une chute des sphères les plus élevées vers les plus basses, une soumission d'un travail de l'esprit à un marché spécial, c'est-à-dire à une véritable évaluation du mérite, suivant la mode, l'actualité et d'autres considérations qui manquent encore plus de dignité.

« Et comme ils s'emportent en protestations, ces pauvres gens, quand ils parlent d'un génie indifférent à toute influence du pouvoir et de la finance, étranger et supérieur à tout calcul, vivant par lui-même, rayonnant d'une lumière qui lui est propre, n'ayant aucune haine, parce qu'il est heureux et qu'il méprise tout parce qu'il est sublime. En parlant d'objets extérieurs, bien qu'ils ne considèrent que ce qui se passe dans leur esprit, ils poussent ces exclamations quelle liberté pour la science, quel nouvel essor pour l'art, quelles vertigineuses hauteurs au-dessus de l'ordinaire !

« Eh bien! Tout cela est grossièrement faux ! Cette erreur ne date pas d'aujourd'hui, elle a toujours existé ! La nature improductive d'un travail ne peut être qu'une source de faiblesse, les phrases ne sont pas des moyens, elles ne sont pas synonymes de *bases* sur lesquelles seulement peuvent s'élever des édifices de toute espèce.

« La grande vérité est celle-ci : c'est que le travail d'un individu, c'est-à-dire son énergie, sa force productive, son indépendance, est pour lui l'équivalent de ce que le budget des finances est pour un État. On aurait tort de croire que l'idéalité consiste à rester étranger aux questions économiques et que les droits d'un auteur soient en contradiction avec ceux du public auquel on voudrait attribuer une certaine propriété sur le travail des autres et une espèce de droit à exercer sans être tenu à payer ce qui l'amuse.

« Ce principe est entièrement contraire à la vérité ; assurer à un ouvrage une juste rémunération est la seule manière pratique à suivre pour arriver à avoir une production nationale.

« En effet, là où l'œuvre n'est pas sérieusement récompensée, il ne reste à l'auteur qui n'est pas riche (et il ne l'est presque jamais) que cette alternative : ou de se consacrer entièrement à l'art et à rester un pauvre diable brisé par la misère et l'humiliation, privé de tout, même des moyens d'étude et de travail qui aujourd'hui sont si chers, ou de se condamner pendant toute la vie à d'autres occupations incompatibles avec sa nature, à sacrifier tout ce qui fait sa force, son affection, et à ne donner à l'œuvre chérie que les restes d'une journée de fatigues que l'on a dû ravir à tout travail élevé pour satisfaire aux cruelles conditions imposées par les nécessités quotidiennes de la vie.

« Voilà le triste dilemme qui peut devenir encore plus triste, car il renferme une troisième issue. Et il est si vrai que cette troisième issue existe, c'est qu'elle a toujours été pratiquée dans les temps qui sont regrettés par ceux qui ne connaissent pas l'histoire.

« Cette issue consiste à créer ce marché renié avec tant d'hypocrisie, en mettant le talent et même le génie au service de quelque ambition ou de quelque intérêt.

« L'étude expérimentale de la vérité, la plus juste appréciation du bon sens prouvent, au contraire, que le seul travail digne et indépendant est celui qui trouve, dans sa propre habileté et dans son produit, la condition économique qui lui permette de se dispenser d'avoir recours à la protection particulière d'une personne ou d'une puissante coterie : tous les protecteurs, tous les Mécènes, ont-ils beau s'appeler Périclès, Léon X ou Louis XIV, se ressemblent et se valent. Le *Roi Soleil* des temps modernes, comme le démocratique Soleil de l'antiquité, furent des astres menteurs. Il ne peut, il ne doit y en avoir qu'un seul qui éclaire, c'est le génie fortifié par le travail. Rappelons-nous que non seulement le soleil éclaire (ce qui serait trop peu), mais qu'il réchauffe et féconde.

« *Il sole che si fa vino* », a dit Dante, sans aucune crainte de paraître cesser d'être romantique pour devenir prosaïque, et le vin parfois redevient soleil dans la coupe de l'écrivain heureux et content.

« Les vérités s'enchaînent et se suivent. Le seul travail bien rémunéré est un travail suivi. Faites bien attention au mot *suivi*. L'inspiration n'est pas toujours brisée par la misère, mais lorsqu'elle est aux prises avec e le, elle ne peut donner que des résultats exceptionnels, mais non continuels. La continuité et l'état normal du travail ne sont pas indépendants des conditions économiques. Cela est encore plus vrai de nos jours que dans les temps passés, car à présent la vie et les moyens de travail sont, sans comparaison, plus difficiles. Qu'on ne m'oppose pas des chiffres (auxquels les ennemis les plus acharnés des chiffres ne dédaignent pas de recourir en pareil cas) pour affirmer que les mauvaises conditions économiques de nos littérateurs dépendent des conditions du marché et de l'infériorité de la production italienne. Le talent italien, bien que par intervalles stationnaire, s'affirme néanmoins tous les jours. Personne ne peut s'empêcher de reconnaître que les études s'y sont approfondies en élargissant toujours avec plus de conscience le tribut apporté par l'Italie à la science universelle. Si l'on constate sa faible production, qui peut paraître encore plus minime par le défaut de réclame, c'est le résultat qu'il faut considérer sans s'occuper des conditions dans lesquelles il s'est produit.

« Il n'est pas exact de dire que les productions de l'intelligence italienne ne sont pas recherchées en Italie. Ici, l'activité intellectuelle, bien que moins considérable que dans le grand pays de France, produit suffisamment, mais pour le compte d'autrui ; c'est une vérité qui pourra être démontrée les chiffres à la main et expliquée, avec les preuves à l'appui, au cours des discussions du Congrès.

« Une loi bien conçue, qui ne sera pas une œuvre stérile, mais à laquelle un auteur aura le droit de recourir d'une façon efficace, grâce à la solidarité fraternelle des intéressés, créera aussi en Italie cet équilibre économique et moral qui l'unira, il faut l'espérer, par de nouveaux liens aux illustres étrangers initiateurs de cette œuvre de progrès que notre Congrès se propose de continuer et d'accroître.

« Eh bien, Messieurs, vous semble-t-il que nous nous mettions à ce travail sérieux dans un autre but que celui de l'indépendance et de la dignité de l'œuvre, avec d'autre moyen que la cordiale fraternité d'hommes d'études guidés par une idée commune, en rapport avec l'opinion publique et la science bien entendue des lois ? Vous semble-t-il que nous soyons ici pour soutenir des intérêts plutôt que des principes ?

« Nous avons tout lieu d'espérer qu'ayant une juste idée de ce dont il s'agit, vous penserez, comme Victor Hugo, que l'Association littéraire et artistique est une chose élevée et bienfaisante, « *qu'elle est réellement l'union de tous les esprits* ».

« Nous sommes convaincus que vous répondrez à son désir en faveur du progrès et de la paix, auxquels les esprits les plus élevés doivent contribuer par leur union.

« *La phalange des littérateurs marchera devant, les peuples la suivront. La paix sortira de cette fraternité de l'esprit.* Voilà sa conclusion ; elle est sainte. Que le nom le plus glorieux de tous les poëtes de la France moderne rassure, en attendant, tous ceux qui peuvent considérer les intentions de l'Association comme intéressées, restrictives ou contraires à la liberté.

« Nous avons un proverbe infaillible et très profond qui dit que quiconque prétend aimer plus d'une mère est un trompeur : *Chi ama puà de mama ingana*. » Aussi, croyez-le bien, Messieurs, celui qui veut être plus libéral que Victor Hugo trompe son monde, soit par vanité, comme un recteur, soit par ruse, comme un histrion, mais il le trompe.

« Nous méprisons les trompeurs de la première espèce, nous détestons et repoussons ceux de la seconde. Nous considérons le libéralisme comme inspiré par le droit, dont notre Association préconise un des plus essentiels, qui est dû à l'idée d'une véritable dignité, d'une paix qui a pour base l'équilibre raisonné des intérêts et la loyale fraternité des esprits.

« Si nous autres, littérateurs, voulons et fomentons cette fraternité, *les peuples nous suivront*, et l'homme de génie, encore plus que le poëte, aura été prophète.

« Que le travail du Congrès soit empreint d'une logique irréfutable, qu'il soit énergique et puissant par la base, qu'il soit élevé, réfléchi et inspiré par l'éternelle idée du bien, comme la *Légende des siècles*.

« Si mon espoir se réalise, l'œuvre de nos illustres hôtes, auxquels Victor Hugo a rendu hommage et auquel nous joignons le nôtre, sera éternellement citée et, ce qui est préférable, restera éternellement féconde.

M. Louis Ratisbonne prononce le discours suivant :

DISCOURS DE M. LOUIS RATISBONNE

« Mesdames, Messieurs !

« C'est un honneur dont je suis fier mais aussi un peu embarrassé, tant il est grand pour moi (j'en sens tout le prix mais aussi tout le poids), de répondre au nom de l'Association littéraire et artistique internationale, aux paroles pleines d'hospitalité que nous venons d'entendre, à ce superbe accueil et d'une grâce toute vénitienne qui nous est fait ici dans le palais des Doges.

« Le gouvernement italien, par l'organe de M. le baron Brescia Morra, préfet de la Vénétie ; M. le prosyndic comte Tiepolo qui représente si dignement, non seulement Venise actuelle, mais Venise d'autrefois, qui est non seulement un homme éminent mais un homme heureux, puisqu'il peut signer ce qu'il dit du nom glorieusement héroïque de Tiépolo, le grand et universel esprit qui s'appelle le commandeur Paulo Fambri, nous ont adressé à l'envi la plus aimable, la plus sympathique des bienvenues. Cette bienvenue ne nous a pas surpris, nous l'attendions, étant venus la chercher. Mais dans les termes exquis où elle nous est faite, nous en sommes profondément touchés et reconnaissants.

« Messieurs, nous étions déjà venus en Italie.

> *Nel bel paese dove il si suona !*
> Dans le beau pays où le **si** résonne !

« N'était-ce pas la meilleure des raisons d'y revenir?

« Après avoir tenu à Rome son cinquième Congrès en 1882, ai-je besoin d'exposer pourquoi le comité exécutif de l'Association, parmi tant de cités glorieuses de l'Italie qui pouvaient balancer son choix. a fixé ce choix sur Venise. M. le syndic nous en a remerciés. Tout le mérite en est à Venise. Que Venise remercie Venise ! Tout nous y conviait, ce n'était pas seulement la soif de voir ou de revoir cette ville merveilleuse, de vivre quelques jours au milieu de cette flotte de palais à l'ancre dans l'Adriatique qui s'appelle Venise, ce n'étaient pas seulement les grands et antiques souvenirs, ni les raisons d'ordre artistique et littéraire qui nous dé i-gnaient la cité illustrée par les chefs-d'œuvre des Titien, des Véronèse, des Sansorino, des Goldoni. Florence aurait peut-être dit : Et moi ? Ce n'est pas seulement tout cela ; mais l'Association littéraire poursuit avant tout une œuvre de justice. Pouvait-elle oublier votre Daniel Manin ? Comment n'aurait-elle pas souri à l'idée de tenir son Congrès à l ombre du lion de Saint-Marc, dans la ville où, rattachant une gloire nouvelle aux gloires anciennes, est né ce grand homme du Droit, la ville où il a grandi, lutté, vaincu, avant de souffrir l'exil jusqu'à la mort pour la cause du droit, et pour le premier des droits, l'indépendance. On rapporte de votre illustre compatriote qu'étant tout enfant, un jour qu'il réclamait pour un camarade injustement puni, comme on lui disait de se mêler de ce qui le regardait, il fit cette réponse à la Plutarque : « Toute injustice me regarde ! »

« Messieurs, l'Association littéraire met, à Venise, son œuvre de justice sous la protection de cette grande ombre.

« Cette œuvre de justice, on peut dire qu'elle est née sur votre terre italienne, elle a commencé par un soupir de Virgile, par le fameux *sic vos non vobis*, lieu-commun de toutes les mémoir s:

Hos ego versiculos feci: tulit alter honores.

Ces vers, je les ai faits: un autre en prit l'honneur.
Ainsi, non pas pour vous faites le miel, abeilles !
Ainsi non pas pour vous, oiseaux, faites vos nids !
Ainsi non pas pour vous, portez toisons, brebis !

« Plainte perdue ! Pendant des siècles on a tondu la laine sur le dos du travailleur intelligent, et à tout ouvrier de la pensée pouvait s'appliquer la légende du partage de la terre, racontée par Schiller. Vous la connaissez: Jupiter a partagé entre les hommes les biens de la terre. Chacun a pris un lot à sa convenance. Le poëte toujours nonchalant quand il s'agit de ses intérêts, arrive après le partage, quand il ne reste plus rien. Oh ! Jupiter, s'écriat-il douloureusement, tous les biens de la terre sont pris, n' aurai-je rien à moi ? — Pourquoi viens-tu si tard, dit Jupiter, et que faisais-tu donc quand j'ai partagé entre les hommes les biens du monde ? — Et, grand Dieu ! j'étais au ciel avec toi, j'écoutais ravi et je notais les harmonies de tes sphères divines. Le dieu charmé: — « Tu étais au ciel, mon poëte, et bien tu y seras toujours le bienvenu. Les biens de la terre sont pris: le ciel sera pour toi.

« Le ciel, c'est très bien, c'est très beau ; mais enfin le pauvre poëte est bien obligé de descendre quelquefois sur la terre, et pendant longtemps il y est mort de faim. Aujourd'hui, sans doute, il n'est plus « au banquet de la vie l'infortuné convive », et sans cesser d'être l'hôte aimé du ciel, il n'est plus le déshérité de la terre.

« Mais la réparation a été bien lente. Boileau s'imaginait sans doute être hardi quand il écrivait :

Je crois qu'un noble esprit peut sans honte et sans crime
Tirer de son travail un tribut légitime.

« Nous croyons, nous, aujourd'hui que la honte et le crime, c'est de lui refuser ce tribut.

« Ce n'est guère qu'à la fin du siècle dernier, à l'aurore de la Révolution française, par la loi de 1791, qu'a été reconnu le droit de l'auteur. Mais malgré la loi, malgré des efforts individuels, par l'incurie des écrivains et la mollesse des tribunaux, la piraterie littéraire a continué de fleurir librement.

« Le Congrès littéraire de 1878, tenu sous la présidence de Victor Hugo, marque une ère nouvelle. Là, fut prononcé ce principe irréfragable :

« Le droit de l'auteur sur son œuvre n'est pas une concession de la loi, mais une des formes de la propriété que la législation doit garantir. »

« De ce Congrès de 1878 est née notre Association. Depuis ce temps, le progrès s'est accéléré et ne devait plus s'arrêter. La France avait précédé les autres nations ; bientôt elles suivent son exemple. L'Espagne, et après elle la Belgique, la Belgique convertie, tiennent à honneur d'avoir une législation complète sur la propriété intellectuelle. La question du terrain national est transportée sur le terrain international, et des conventions particulières d'Etat à Etat ont fini par aboutir à la convention d'Union de Berne.

« C'est au Congrès de Rome, en 1882, qu'est éclos le projet d'union. Une conférence privée est, l'année suivante, tenue dans ce but à Berne, par notre Association, sous les auspices de la Suisse. Le gouvernement fédéral trouve dans nos délibérations les éléments d'un arrangement qu'il propose aux puissances. Elles envoient des délégués à Berne pour délibérer pendant deux années consécutives et neuf d'entre elles signent le 9 septembre 1886 la convention d'Union.

« En vertu de cette convention, désormais, dans les pays d'Union, les étrangers sont assimilés aux nationaux pour la protection artistique et littéraire, et cette protection, l'Angleterre et la France étant entrées dans l'union avec leurs colonies, s'étend sur un territoire d'environ 450 millions d'habitants.

« Comment ne pas se réjouir d'un semblable résultat ? Et n'est-ce pas aussi, Messieurs, une chose digne de remarque, et de nature à rehausser singulièrement la dignité de l'écrivain, de l'artiste, que dans un temps justement où la propriété matérielle est tous les jours battue en brèche et sapée par la base, la plus idéale des propriétés, la propriété intellectuelle, soit reconnue et triomphe !

« Messieurs, vous savez la part de notre Association à ces grands résultats. Elle apparaît assez dans mon court historique. On vient de la reconnaître devant vous dans les termes les plus flatteurs et par un accueil plus flatteur que toutes les paroles, comme M. de Freycinet l'avait reconnu devant le Parlement français dans son rapport sur la convention de Berne, proclamant hautement que l'Association littéraire et artistique internationale s'était mise à la tête du mouvement libéral qui avait abouti à la convention d'union.

« Messieurs, notre tâche n'est pas terminée. Rien n'est fait tant qu'il reste à faire. Améliorer la convention, convier tous les Etats civilisés à y adhérer, arriver à l'uniformité des diverses législations nationales, voilà ce qui nous reste à faire.

« C'est à ces nouveaux progrès que nous allons travailler dans le Congrès qui s'ouvre. Nous le ferons avec ardeur, avec prudence aussi, sachant qu'on s'expose à tout perdre en voulant trop gagner, trop gagner tout de suite. C'est dans ce sens seulement qu'il faut entendre ici que le mieux est l'ennemi du bien.

« Je n'ai pas besoin de dire dans quel esprit fraternel nous allons nous livrer à ces discussions. Depuis le Congrès de 1878, le lien formé entre les écrivains, les artistes de tous les pays, n'a jamais été brisé. Il s'est resserré de capitale en capitale dans nos divers Congrès. Aujourd'hui nous le scellons à Venise, sachant bien que notre union fera notre force, et bien convaincus aussi que ces grands rendez-vous intellectuels ont indirectement pour l'universelle concorde des résultats plus précieux que l'objet spécial qu'elles ont en vue. Nous sommes au grand jour les missionnaires d'une œuvre de justice, et la Justice, c'est la Paix.

« Messieurs, un dernier mot et j'ai fini.

« L'Association littéraire et artistique internationale est fière de compter je ne puis pas dire dans son sein et le mot est trop banal pour que je le regrette, mais hors de son sein des protecteurs royaux.

« C'est ainsi et sous ce titre que, avec le Président de la République française, des Souverains, de ceux qui n'ont pas peur des écrivains, qui le sont parfois eux-mêmes, tels que S. M. le Roi don Luis de Portugal, S. M. le Roi des Belges, la Reine de Roumanie, le Prince héritier de la couronne d'Angleterre ont bien voulu accepter de figurer en tête de nos listes.

« C'est ce qui peut s'appeler pour l'Association littéraire avoir des atouts dans la main.

« Nous avons voulu en avoir un de plus, et on nous a heureusement fait pressentir l'agrément d'un nouveau et auguste titulaire.

« L'Association arrive donc au Congrès de Venise sous les plus éclatants auspices puisque nous pouvons acclamer comme protecteur de l'Association littéraire et artistique internationale S. M. Humbert, roi d'Italie. »

M. A. CALZADO, président de l'Association, a ensuite la parole :

DISCOURS DE M. A. CALZADO.

« Après le Congrès de Madrid, après l'excursion de Tolède surtout, il fallait venir à Venise pour ne pas déchoir. Nous commençons même à éprouver une certaine inquiétude, car comment parviendrons-nous à détacher notre attention de ce cadre merveilleux et faire œuvre utile et pratique ? »

L'orateur continue ensuite, s'exprimant en italien :

« Excusez-moi, Messieurs, si je parle maintenant votre langue, qui est la musique même; excusez la faiblesse de l'instrument. Après le discours éloquent et brillant de notre président, vous me trouverez certainement bien insuffisant. Aussi, serai-je bref. Venise évoque tant de pensées, réveille un si grand nombre de souvenirs historiques, artistiques et littéraires que la tâche devient des plus difficiles quand il s'agit de faire un choix. Aujourd'hui, je n'éveillerai qu'un seul nom, celui de Goldoni...

« Comme Espagnol, je contribue jusqu'à un certain point à acquitter la dette de reconnaissance qui est due à notre Moratin dont je suis l'admirateur l'élève et l'ami. Trois auteurs comiques ont accompli une révolution dans l'art théâtral, chacun dans leur pays respectif, Molière, Goldini et Moratin. Tous trois ont observé, étudié les caractères, tirant les effets comiques plutôt des situations que du langage, flagellant les vices avec bouffonnerie et belle humeur cherchant la vérité, le naturel, créant non pas le théâtre d'hier, d'aujourd'hui ou de demain, mais le théâtre éternel.

« Moratin a connu Goldoni à Paris et l'a fort étonné en lui récitant des scènes entières de ses comédies que lui-même avait oubliées.

« Gloire à Venise qui a pour fils Goldoni !!!

« Cette Venise avec la couleur de son ciel et de sa mer, avec l'éclat que répandent ses artistes, ne peut inspirer que de grands sentiments et de lumineuses pensées, aussi l'âme se sent-elle ici entraînée vers le beau, vers l'amour de l'idéal, sans lesquels l'homme n'est rien, sans lesquels la vie n'est que néant !

« Gloire à Venise ! »

M. Louis CATTREUX, délégué de la Société des compositeurs et auteurs lyriques belges, s'exprime en ces termes :

DISCOURS DE M. L. CATTREUX

« Messieurs,

« Je viens, au nom des délégués de la Belgique, saluer les délégués du gouvernement italien et les représentants de la municipalité de Venise, et je leur adresse nos remercîments pour l'accueil chaleureux qu'ils nous font aujourd'hui.

« Il semble que les sentiments dont je me fais l'interprète aient augmenté en raison du carré de la distance que nous venons de parcourir, et il ne saurait en être autrement quand nous songeons que c'est ici que vinrent nos maîtres d'autrefois, nos musiciens et nos peintres flamands; que c'est ici qu'ils puisèrent aux sources pures cet art qu'ils ont ensuite porté si haut.

« C'est donc de la gratitude et de la reconnaissance que nous leur apportons, et pour donner à ces sentiments une forme plus tangible, je les exprimerai sous la forme d'un vœu qui sera je pense partagé par l'assistance entière.

« Je demande aux mandataires légaux, aux délégués de la muni-

2

cipalité de Venise de conserver avec un soin jaloux, à l'abri des mutilations ou des réparations inhabiles, ces trésors artistiques dont ils ont la garde ; ils acquerront ainsi des droits à la reconnaissance de tous les amis des arts et ils maintiendront à Venise la belle, la place qu'elle doit continuer d'occuper parmi les merveilles du monde. »

M. CLIFFORD MILLAGE prononce en anglais le discours suivant :

DISCOURS DE M. CLIFFORD MILLAGE

« Mesdames, Messieurs,

« J'avoue que ce n'est qu'avec une certaine appréhension que je me lève pour dire seulement quelques mots dans ma propre langue. Il me faut compter d'avance sur votre courtoisie pour excuser la note quelque peu discordante de la langue anglaise parmi vos harmonieux idiomes latins, dont il est si facile de comprendre le choix dans cette classique et poétique ville de Venise.

« Ce qui me rassure et m'encourage, c'est lorsque mes regards contemplent ces lieux où ont vécu, où ont parlé les personnages enfantés par l'imagination de Shakspeare. Combien il est facile de comprendre Ottello, Shylock et Jago ! Quel superbe cadre pour ces immortelles figures auxquelles il est impossible de penser sans revoir aussitôt ce palais des Doges ! C'est avec un aussi vif sentiment de satisfaction que de fierté — je le dis avec franchise — que je représente aujourd'hui une nation qui a loyalement adhéré à la Convention de Berne, si utile, si honnêtement indispensable pour défendre les intérêts littéraires et artistiques de tous, si négligés jusqu'à sa formation. J'espère, Messieurs, que la présence de gens aussi influents par leur notoriété que par leur talent sera l'aurore d'une ère nouvelle pour l'avenir de l'Association littéraire et artistique. Je parle surtout pour les contrées de langue anglaise et qui malheureusement ne font pas partie de notre Association.

« Il est vraiment presque impossible de comprendre que des nations jeunes, mais ayant fait des pas de géant dans toutes les branches de l'intelligence humaine, n'aient pas encore pris tous les moyens en leur pouvoir pour protéger leur avenir littéraire et artistique tout aussi bien que leurs intérêts industriels et commerciaux.

« Et cependant, par la force des choses, un jour arrivera où nos confrères du Nouveau Monde verront que la grande solidarité littéraire et artistique est la meilleure politique. Qu'ils viennent donc, ils seront les bienvenus.

« Messieurs, je salue le Congrès de Venise, dont ceux de Lisbonne, Londres, Rome, Vienne, Amsterdam, Bruxelles, Anvers, Genève et Madrid ont été les glorieux précurseurs. Permettez-moi de compléter ma pensée. L'année prochaine, au Congrès de Paris, j'ai le ferme espoir que les Etats-Unis d'Amérique, dans cette étroite union littéraire et artistique de tous, se joindront à nous dans la défense des droits de la plume, de la pensée et de l'art. »

M. Henri Morel, secrétaire général du bureau de l'Union, à Berne, prononce le discours suivant :

DISCOURS DE M. HENRI MOREL

« Messieurs les Représentants de l'Italie et de la ville de Venise,

« Je ne veux pas courir le risque d'affaiblir les impressions qu'ont fait naître en vous les éloquents témoignages de sympathie pour l'Italie et d'admiration pour la Ville de Venise, que vous venez d'entendre.

« Permettez-moi donc de me borner à vous dire qu'au nom de ma patrie, la Suisse, je m'associe, du fond de mon cœur, au salut que vous ont apporté les éminents orateurs qui m'ont précédé.

« La Suisse qui a eu l'honneur de voir siéger sur son sol les quatre congrès et conférences diplomatiques, desquels est sortie l'Union internationale pour la protection des œuvres littéraires et artistiques, ne peut rester indifférente aux efforts de l'Association, mère de cette grande œuvre, aujourd'hui réunie à Venise, pour chercher à la perfectionner et à la rendre plus grande encore.

« La Suisse, avec ses institutions calmes et paisibles, peut tendre la main de la fraternité à tous les peuples.

« La Suisse, grâce à ses trois langues nationales, pénètre dans la vie des nations ses voisines. Elle dit à l'Italie : « Donne-moi le secret de ton génie artistique afin que mes enfants apprécient toujours plus et sachent orner encore les beautés de ma riche nature. » A l'Allemagne : « Eclaire-moi du flambeau de ta science profonde pour l'étude de tous les graves problèmes qui, aujourd'hui plus que jamais, réclament impérieusement des solutions. » A la France : « Communique à mon peuple ton esprit chevaleresque et ta largeur de cœur qui vivifient toutes les grandes choses. »

« C'est au nom de cette Suisse, aujourd'hui alliée à l'Italie par l'une des créations les plus grandioses de la science moderne, le chemin de fer du Gothard, que je vous apporte un salut, avec mes vœux les plus sincères pour le bonheur et la prospérité de l'Italie et de la belle Venise.

M. Louis Ulbach, président perpétuel de l'Association littéraire et artistique internationale, se lève à son tour :

DISCOURS DE M. LOUIS ULBACH

Messieurs,

« Je salue particulièrement, au nom de la France, la grande cité qui fut une grande république, et dont la gloire immortelle reste encadrée dans le plus magnifique décor que l'imagination des artistes puisse inventer.

« Venise, Messieurs, fait partie de l'horizon sentimental de la France.

« Il n'y a pas un de nos écoliers qui n'ait dans le mémoire les noms de vos monuments ; pas un poëte qui n'ait accoudé ses mélancolies à la fenêtre d'un de vos vieux palais, pas un historien qui n'ait palpité de vos grandes entreprises, pas un homme politique qui n'ait besoin d'étudier votre diplomatie. Je connais des peintres français dont la fortune et la gloire consistent à peindre des vues de Venise, sans se lasser et sans suffire à satisfaire les admirateurs.

« Non seulement par sa situation, par son aspect, par son architecture, par le génie unique au monde qui ne la fait ressembler à aucune autre capitale, Venise est un charme incessant, mais sa gloire même trouve, dans ces conditions spéciales et multiples d'attrait pour tous, la garantie de son immortalité.

« Quand un Etat a brillé exclusivement par la guerre, un souffle peut éteindre à jamais les arsenaux, et la fragilité du fer s'atteste dans les grandes cités guerrières, devenues d'inoffensifs musées de canons.

« Quand le commerce a fait seul la fortune d'un pays, il suffit d'une découverte industrielle, d'un progrès économique, d'un chemin nouveau pour que le négoce diminue, pour qu'un jour le comptoir se ferme et ne se rouvre plus.

« Les arts eux-mêmes, quand ils sont seulement le dilettantisme du luxe, ne suffisent pas à défendre une grande cité contre l'envahissement de l'oubli.

« Mais, quand un Etat, comme Venise, a commencé par conquérir son territoire sur la mer, n'a cessé de s'y défendre, par la guerre, de s'y enrichir par le commerce, de s'y agrandir par les arts; quand il a demandé la fortune et son prestige à tous les essors, il ne rentre pas dans la nuit. Les forces diverses qui ont éclaté également, peuvent s'harmoniser dans une teinte plus douce, mais c'est pour se cimenter dans une mosaïque inaltérable. Il semble, en effet, Messieurs, que la gloire de Venise soit comme une de vos admirables mosaïques de Saint-Marc. Elle est faite de morceaux qui rayonnent isolément, tout en concourant à ce fond de décor grandiose, symphonique, sur lequel se profilent, en passant comme des ombres, les chétifs événements contemporains.

« Venise triomphe avec un passé que rien ne peut détruire, avec une splendeur sereine qui s'augmente par la garantie de son indépendance, de sa liberté et de la fraternité qu'elle offre à toutes les grandes recherches du temps présent.

« Sous ces abris immortels que lui ont peints les Véronèse, les Titien, les Tintoret, la ville toujours héroïque, reposée de tant de combats, invite désormais les conquérants de la science des arts, des lettres à venir disserter et préparer de nouvelles conquêtes, de nouveaux efforts.

« La cité silencieuse, n'a plus de bruit que pour son hospitalité.

« A l'époque militante de votre histoire, votre lion ailé, la griffe sur son livre, disait à Saint Marc : *Pax tibi evangelista meus!* c'est-à-dire paix à toi qui es sous le vent de mes flottes ! ne crains rien ! je veille sur toi, je combats pour toi ; j'amasse des trésors et des trophées indestructibles pour toi.

« Le lion ailé est toujours debout, la devise n'est pas effacée, mais le sens en a changé. Elle s'est élargie. Elle ne s'adresse plus seulement à l'orgueil patriotique. Elle invoque la solidarité humaine.

« Paix à toi, évangéliste du progrès, paix à toi, qui dans ta sérénissime majesté n'a plus à courir de hasards sanglants. Paix à ceux qui viennent chez toi, avec toi, au milieu de tes chefs d'œuvre et dans les épanchements de ton amitié, travailler à l'œuvre, longue à achever, de la pacification universelle.

« Oui, Messieurs, nous voulons la paix, partout, et au-dessus de tout ! Nous ne nous occupons pas de la politique dans nos congrès nous faisons mieux ; nous voulons la rendre vaine.

« Pour continuer une comparaison qui me sollicite à Venise et que j'aime, je dirai que nous cherchons par l'accord des bonnes volontés, par l'amour de ce qui est beau, par la défense unanime de ce qui est grand, un ciment analogue à celui de vos maîtres mosaïstes qui fasse de nous les parcelles vibrantes, mais inusables et indéracinables de la mosaïque des peuples, unis fraternellement.

« Vous nous accueillez avec un empressement dont on vous a remerciés, au nom de l'Association littéraire et artistique internationale, et dont je profite pour obtenir de vous l'engagement de votre visite à Paris, l'année prochaine.

« Parmi ces fêtes d'une fédération offerte à tous les peuples, le centenaire de 1789 ne pouvait oublier, dans son programme, des congrès en faveur de toutes les questions sociales et notamment un congrès littéraire.

« Je puis vous assurer, comme un des humbles collaborateurs de ce programme, que toutes les Sociétés littéraires ou artistiques de Paris, auxquelles notre Association apportera l'élément d'une fédération internationale, vont s'unir pour un congrès immense, digne des dix années de combats que nous avons soutenus, pour notre part, en faveur de la propriété littéraire et artistique, digne du centenaire et digne de vous !

« Nous vous attendons, Messieurs, avec confiance, et, puisque j'ai parlé des symboles que nous trouvons à Venise, permettez-moi de finir en vous parlant de celui qui vous attend à Paris et que vous ne pouvez renier.

« Vous êtes fiers, avec une juste piété patriotique, de votre lion ailé.

« Nous avons le nôtre aussi, Messieurs, qui vous appelle.

« Quand on a élevé un monument, sur la place du Carrousel, à notre grand patriote, à celui qui n'a pas désespéré de la fortune de la France aux jours de nos malheurs, on a placé au-dessus de lui, au sommet de la pyramide, pour célébrer le courage et l'espérance, un lion avec de grandes ailes, portant la statue de la démocratie.

« L'artiste a-t-il voulu faire, du monument par excellence de la nouvelle République française, le pendant de la colonne de la République vénitienne ? A-t-il pensé que si les lions, représentant la force, ont servi souvent d'emblèmes aux monarchies, il faut leur ajouter des ailes pour élargir au-dessus d'eux l'espace et les faire viser plus haut quand ils doivent servir d'emblèmes à une république ?

« Nous avons donc, nous aussi, notre lion superbe et pacifique. Il ne jure pas la paix, sur l'évangile. Il l'espère, il l'attend.

« Messieurs, deux ombres illustres planent au-dessus de nos deux lions : Gambetta tend sa main d'ombre à la main d'ombre de Manin, au-dessus de nos mains vivantes, vibrantes et unies.

« Je salue et j'invite le lion ailé de Saint-Marc au nom du lion ailé de la place du Carrousel. »

M. le général Turr clôt la série des discours en saluant, au nom de la Hongrie, l'Association littéraire et surtout la ville de Venise ; il rappelle la sympathie qui unit la Hongrie à Venise et à l'Italie, et il dit que le but que les hommes de lettres et de science doivent se proposer est d'unir les peuples et non de les diviser, de rechercher la liberté et la paix. Il salue les dames vénitiennes qui, par leur présence, ont contribué à donner un gracieux éclat à la cérémonie.

La séance est levée à trois heures.

Au commencement et à la fin de la cérémonie, la musique municipale s'est fait entendre dans la cour du palais ducal.

Séance du lundi 17 septembre 1888.

—

La séance est ouverte à 2 h. 1/2 dans la grande Salle de l'Athénée, sous la présidence de M. Louis Ratisbonne, puis de M. Paolo Ferrari.

M. Le Président, fait observer que les questions qui composent le programme du Congrès sont multiples, et il prie les orateurs qui prendront la parole d'être aussi brefs que possible, rappelant que la langue officielle du Congrès est la langue française, mais qu'ils peuvent néanmoins s'exprimer dans leur langue nationale.

M. C. Ebeling, secrétaire général de l'Association, donne communication des délégations, des lettres et des télégrammes qui ont été remis au bureau et dont voici le résumé :

MM. E. Pouillet et Jules Oppert sont délégués du ministre de l'instruction publique de France.

MM. Paolo Ferrari, Leone Fortis et Emilio Tréves sont délégués de la Société italienne des auteurs pour la défense de la propriété littéraire et artistique.

M. José del Castillo y Soriano est délégué du ministre de la division de l'instruction publique d'Espagne.

M. Louis Cattreux est délégué de la Société des compositeurs et auteurs lyriques belges.

M. Le Bailly est délégué de l'Association des éditeurs de musique de Paris.

M. Victor Souchon est délégué de la Société des auteurs et compositeurs de musique de Paris.

MM. D. Carlos Luis de Cuença et D. Eduardo Caballero de Puga sont les délégués de la Société des écrivains et artistes de Madrid.

M. le professeur Hasden de Vienne, M. Diercks au nom de la Société des écrivains allemands, M. Ernesto Rossi, M. A. Gabelli, M. Carl. W. Batz, s'excusent par dépêches de ne pouvoir assister au Congrès et font des vœux pour sa réussite.

M. Rolin-Jacquemyns, rédacteur de la *Revue du droit international*, regrette de ne pouvoir prendre part aux travaux du Congrès et il annonce que le docteur BUZATTI de l'université de Padoue, a bien voulu se charger d'être le représentant de la *Revue* au Congrès.

M. F. CAROTTI, commissaire général de la section italienne à l'exposition scandinave, manifeste ses regrets d'être empêché de prendre part aux travaux du Congrès et souhaite que de nouvelles conquêtes soient à ajouter à celles déjà obtenues par l'Association.

MM. VAN ZUYLEN, CESARE CANTU, le docteur MOISE AMARÉ, FRANCESCO FLORINO et LUIGI CADEMO, expriment également leurs regrets de ne pouvoir se rendre à Venise pour prendre part aux travaux du Congrès.

M. le professeur ARONNE ROBIN, écrit au sujet de questions qui peuvent être traitées et regrette de ne pouvoir venir prendre sa place dans les discussions.

M. le professeur DE MARCHI adresse au Congrès une conférence qu'il a faite en Italie sur les droits d'auteurs et compositeurs de musique.

Enfin M. le vice-président de la Société italienne de secours mutuels des artistes lyriques, a envoyé un important travail concernant la Société, accompagné d'une lettre par laquelle il exprime le regret que M. DE MARCHI soit empêché de donner lui-même connaissance de ce travail au Congrès.

M. LE PRÉSIDENT. — Messieurs, avant d'entamer la discussion sur les questions dont vous avez à vous occuper et dont le programme vous a été remis, il est utile d'entendre le rapport de M. le secrétaire perpétuel sur les travaux de l'Association pendant la dernière session.

M. JULES LERMINA, secrétaire perpétuel, lit le rapport suivant sur les travaux de l'Association pendant la dernière session :

RAPPORT
Sur les travaux de la session 1887-1888.
—

« Messieurs,

« C'est comme secrétaire perpétuel de l'Association littéraire et artistique internationale que je suis appelé pour la dixième fois à vous rendre compte des travaux de notre Société. Ce titre de « perpétuel » sonne peut-être un peu comme un reproche ou une ironie, et cependant, j'en suis fier, car il est la marque, le sceau qui prouve la continuité de nos efforts, et aussi de cette fraternité intellectuelle qui depuis 1878 unit, pour une œuvre de propagande, des hommes dont aucun ne s'est séparé des autres. Le groupe formé, il y a bientôt onze ans, est resté intact, se grossissant chaque année de recrues nouvelles, et notre Association a l'orgueil justifié de n'avoir jamais subi aucune de ces vicissitudes intérieures qui mettent en péril les meilleures causes. Tels nous étions en 1879 au Congrès de Londres, tels nous nous retrouvons aujourd'hui, et si la mort a creusé quelques vides dans nos rangs, ce n'est pas que nos illustres et chers absents soient loin de nous. C'est toujours Victor Hugo qui reste notre maître incontesté, et il nous semble revoir et entendre encore tous ceux qui, jusqu'à la dernière heure, nous ont encouragés et aidés à combattre le bon combat. Ce n'est pas le secrétaire qui est perpétuel, c'est l'œuvre elle-même, c'est notre dévouement inaltéré, c'est notre fraternité dont rien ne saurait briser le faisceau.

« Et c'est cette union, Messieurs, qui chaque année donne un intérêt nouveau à ce rapport ; car il n'est pas un progrès qui s'accomplisse, dans l'ordre d'idées où nous évoluons, qui n'ait pour ouvrier, pour collaborateur, un des membres de notre Association, un de ces travailleurs qui, dans tous les pays, obéissent au mot d'ordre que nous nous sommes donné, la justice et le progrès.

« C'est ainsi que, chez toutes les nations civilisées, notre effort se fait sentir, ostensiblement, victorieusement, si je puis dire, comme dans la conclusion de la Convention diplomatique de Berne, ou tacitement, par la valeur même de l'impulsion donnée et la continuité du travail de nos associés, dans les améliorations obtenues dans les législations nationales.

« Nous avons acquis le droit d'affirmer que tout progrès en matière de propriété intellectuelle, en quelque pays qu'il s'acquière, est nôtre et procède de notre influence et de notre collaboration.

« A ce point de vue, la session 1887-1888 est particulièrement intéressante : le mouvement provoqué par la Convention de Berne s'accentue de jour en jour, et c'est un fait de haute importance que la mise en vigueur dans les pays de l'Union des dispositions de la Convention. Cependant, il est à remarquer que notre tâche n'est point achevée, et qu'il reste encore bien des améliorations à obtenir. Ainsi, c'est avec regret que dans l'acte de promulgation, publié en Angleterre le 28 novembre 1887, nous avons constaté cette clause restrictive — à savoir que l'auteur n'a pas qualité pour user des voies légales, en vue de protéger son droit, mais que l'éditeur seul peut provoquer des poursuites.

« Nous avons immédiatement signalé cette anomalie à notre comité anglais et des démarches sont engagées pour obtenir la reconnaissance pure et simple du droit de l'auteur.

« Par contre l'Angleterre s'est prêtée de bonne grâce à la suppression des formalités d'inscription et d'enregistrement qui étaient un obstacle à la protection des œuvres de l'esprit.

« En Belgique, nous rencontrons quelques résistances, dans la mise en pratique de la loi votée il y a deux ans ; notre collaborateur, M. Cattreux, entretiendra le Congrès de ces difficultés dont nous obtiendrons bientôt l'aplanissement. C'est ainsi qu'en Espagne, nous avons entrepris une campagne utile pour la reconnaissance plus effective des droits des productions dramatiques ; nous nous heurtons à des intérêts qui se refusent à capituler, mais dont l'activité et le zèle du comité espagnol et de notre cher président, M. Calzado, député aux Cortès auront facilement raison.

« Nous appelons tout particulièrement votre attention sur les pays qui se sont refusés jusqu'ici à accéder à la Convention de Berne ; il vous sera parlé notamment des Etats-Unis, de la Hollande et de la Russie.

« En le premier de ces pays, nous constatons que la propagande infatigable à laquelle se livre l'Association commence à produire ses fruits. Le *statu quo* est ébranlé : on sent que la marche en avant est imminente. Il est vrai que jusqu'ici les tendances anti-progressistes, négatives du droit pur et simple de l'auteur étranger assimilé à l'auteur national, résistent avec énergie au progrès, et nous vous en donnerons la preuve lors de l'étude particulière que nous avons consacrée à l'amendement Chace ; mais l'ajournement même de cet amendement est de bon augure, et nous solliciterons de vous un vote qui sanctionne à nouveau les principes auxquels nous désirons que se conforme la grande République d'Outre-Océan.

« La Hollande et la Russie semblent malheureusement admettre avec persistance cette idée — dont tant de fois nous avons fait justice — que la protection du droit de l'auteur étranger était incompatible avec le développement de la littérature nationale. Nous n'avons pas cessé de lutter contre ce préjugé, par la plume et la parole : les grandes facilités données au vol par la liberté de la traduction, constituent un *impedimentum* absolu à l'éclosion d'une littérature nationale. Les éditeurs se refusent à acquérir les manuscrits des jeunes auteurs nationaux quand ils peuvent exploiter, sans bourse délier, les œuvres, déjà consacrées par le succès, des littérateurs étrangers. La protection des auteurs étrangers rétablit entre ces deux éléments une égalité essentiellement juste et nécessaire ; et nous ne voudrions pas supposer que ces dénis de justice, à l'égard des étrangers, aient pour cause première la volonté arrêtée d'empêcher l'essor des jeunes talents nationaux. Nous continuerons, forts de votre approbation, à protester au nom du droit de la pensée.

« Le mouvement dont nous avons pris l'initiative se propage jusque dans l'Extrême-Orient, et nous avons eu la satisfaction de voir promulguer, le 28 décembre 1887, une loi sur la propriété intellectuelle au Japon : il convient de s'arrêter un instant à cette loi, qui fixe le délai de 35 ans pour la propriété de l'auteur, mais qui lui permet de réclamer une prolongation de 10 ans, au cas où il peut prouver que dans cette période de 35 ans il n'a pas été suffisamment rémunéré du travail accompli et des sacrifices supportés. Aussi nous vous signalons ce détail original : au cas où un auteur meurt sans héritiers, il est permis à un citoyen de revendiquer cette propriété pour la période restant à courir jusqu'à l'expiration du délai de trente-cinq ans, et cela, sous réserve de l'exécution de certaines formalités et publications. Il y a là un intéressant effacement du domaine public que nous signalons à l'attention des jurisconsultes.

« Nous avons dû nous préoccuper de certains territoires sur lesquels l'attention ne s'était pas portée tout d'abord, et qui, par leur situation, pourraient devenir propices à la contrefaçon. C'est ainsi que nous avons sollicité de la Tunisie, qui a adhéré à la convention de Berne, une législation nationale qui en permette l'application : nous avons obtenu la promesse formelle que prochainement satisfaction serait donnée à ce vœu.

« Nous avons également dirigé nos efforts vers la promulgation d'une loi de même nature, dans la principauté de Monaco, et là encore, nous avons la certitude du succès, dans un délai peu éloigné.

« Ces questions, dont certains esprits superficiels pourraient méconnaître l'importance, présentent au contraire un grand intérêt pour ceux qui comprennent d'une part combien la contrefaçon est ou serait facile dans ces pays de peu d'étendue, transformés en foyers de publications, d'autre part, combien la répétition des résultats obtenus et des progrès réalisés influe sur la décision des plus grands pays. C'est ainsi que nous ne saurions trop remercier notre grand éditeur M. Ricordi d'avoir provoqué en Egypte l'arrêt du 18 avril 1888 qui consacre le respect de la propriété intellectuelle, même en l'absence de toute législation nationale, et cela, au nom du simple principe de la réparation du préjudice causé.

« L'Association a fait également des démarches auprès du gouvernement français pour obtenir la promulgation des lois relatives à la propriété littéraire dans toutes ses colonies, et satisfaction lui a été donnée par le décret présidentiel du 19 octobre 1887.

« Ainsi que vous le voyez, Messieurs, l'Association accomplit, sans lassitude, le mandat que vous avez bien voulu lui confier ; n'est-elle pas récompensée d'ailleurs, par l'accueil chaleureux, fraternel, qui lui est fait dans tous les pays où elle tient ses assises ; et, ici, permettez-nous d'adresser nos sincères remerciements à l'Espagne qui nous a donné, il y a un an, son hospitalité si large et si cordiale. Le Congrès de Madrid a sa place marquée parmi les plus brillantes étapes de notre infatigable pèlerinage, et la Société des artistes et écrivains espagnols nous a témoigné, ainsi que le gouvernement, une sympathie dont nous ne saurions trop lui être reconnaissants.

« De quel pays d'ailleurs n'avons-nous pas emporté de ces excellents souvenirs ? C'est notre gloire de laisser partout des collaborateurs et j'oserai dire des amis. C'est ainsi que nous continuons à entretenir les relations les plus cordiales avec le Bureau international de Berne, qui, sous la direction de M. Numa Droz, l'éminent homme d'état auquel le siècle sera redevable de tant de progrès dans l'ordre de l'unification des législations internationales, et de M. Morel, le sympathique secrétaire général, devient la forteresse du droit de propriété intellectuelle, tandis que par sa publication si intéressante, le *Droit d'auteur*, il constitue le manuel de nos droits et de nos devoirs.

« Nous avons dû nous préoccuper, Messieurs, du rôle de notre Association, pendant l'Exposition universelle de 1889 : déjà nos présidents vous ont indiqué nos intentions pour cette époque, qui marquera pour nous le point de départ d'un nouveau cycle de travaux. Nous avons tenu à ce que l'Association, en dehors des Congrès, figurât à cette Exposition, au milieu des associations d'utilité sociale et des Sociétés savantes dont elle fait nécessairement partie. Nous préparons, pour cette Exposition, des travaux dont l'intérêt ne saurait vous échapper, résumé de l'histoire de nos Congrès, exposé des questions étudiées et des votes émis, constatations des résultats obtenus, en un mot, nous constituons pour cete époque, le livre d'or de notre Association, en tête duquel figureront, a côté du nom de Victor Hugo, ceux des Terenzo Mamiani, des Mauro Macchi, des Maffei, des Cesare Cantu, des Paolo Ferrari, qui dans votre beau pays, Messieurs, ont été nos alliés et nos protecteurs de la première heure, avec les de Beust, les Gladstone, les Freytag, les Nunez de

Arce, les Echegaray, les Gevaert, tant d'autres ; ne sera-ce pas un grand honneur, pour nous, pour les plus obscurs, de figurer, sur ce livre d'or, comme les soldats dont les hommes aimés et illustres ont été ou sont encore les chefs, et qui ni tiendrait à s'y inscrire!

« Je rappelle aux membres du Congrès qu'ils auront à élire à la fin de la session des membres du Comité d'honneur, en remplacement de M. Joseph Bayer qui fut, à Vienne, un vaillant champion et un dévoué collaborateur de l'Association et de M. Gallait qui était une des gloires les plus pures et les plus élevées de la Belgique artistique.

« La Société des Gens de Lettres de France ayant décidé de rendre hommage à une des gloires françaises les plus pures, à Honoré de Balzac, l'Association ne pouvait hésiter à apporter, au nom de tous les pays qu'elle représente, son obole à cette œuvre de justice littéraire. Au nom de tous les membres, elle a souscrit pour une somme de cinq cents francs.

« Avant de terminer, il me reste à vous dire un mot de l'agence de l'Association. Il nous a paru utile de sanctionner par une action pratique les travaux spéculatifs auxquels nous nous livrons : Faire reconnaître les droits des auteurs est bon, les défendre effectivement n'est pas moins utile. Notre agence, sous la direction de M. Henri Levêque, a groupé autour d'elle une clientèle nombreuse, tant en France qu'à l'étranger et notamment au point de vue de la contrefaçon et de la traduction illicite, elle a su rappeler les délinquants au respect de la justice.

« Tel est, Messieurs, le bilan des travaux de l'Association pendant la session qui vient de s'écouler : et notre Société a le droit de s'en montrer satisfaite, car il prouve le mouvement ininterrompu de notre propagande de fraternité internationale. Mais elle est tout particulièrement heureuse d'avoir, pendant cette période, établi des relations avec la grande cité de Venise ; pour ma part personnelle, j'ai éprouvé une grande joie à retrouver chez vous, l'accueil cordial, laissez-moi dire, amical, qui ne m'a jamais fait défaut. Il nous reste à nous montrer dignes de vos sympathies, et nous nous y efforcerons, désireux avant tout de vous laisser, après le Congrès, le désir de venir renouveler et consolider, à Paris, en 1889, ces relations d'affection et d'estime mutuelles dont nous emporterons l'excellent souvenir. »

La discussion est ensuite ouverte sur la question *De l'assimilation de la traduction à la reproduction.*

M. E. POUILLET, président et rapporteur de la commission, rappelle que si cette question figure au programme, bien qu'elle a déjà été traitée dans un précédent Congrès, c'est pour que l'opinion émise ait plus de force en étant affirmée de nouveau; la majorité de la commission a été d'avis que la traduction étant assimilée à une œuvre originale devait être protégée de la même façon que cette dernière.

Cet avis, néanmoins, n'était pas l'avis général, et la minorité de la commission a pensé que la traduction et l'original sont deux œuvres distinctes et que le délai de dix ans accordé pour traduire une œuvre peut être augmenté, mais ne peut être le même que celui réservé à l'original. Après avoir cité les différentes législations sur la matière et rappelé le plus ou moins de durée qui est réservée pour exercer le droit de traduction dans les divers pays, l'orateur propose au Congrès l'ordre du jour suivant, adopté par la majorité de la commission :

La traduction n'est qu'un mode de reproduction, et à ce titre elle doit être protégée de la même manière que l'original et pour le même temps que l'œuvre originale.

M. Emilio TRÉVÈS ne partage pas l'avis de la majorité de la commission; il dit que si il y a des Etats qui n'ont pas adhéré à la Convention de Berne, c'est que tous les pays, comme la France, l'Angleterre, l'Allemagne, n'ont pas une littérature qui leur soit propre et que ces pays sont obligés d'avoir recours à la traduction, qui ne cause pas un préjudice à l'auteur puisqu'elle sert à le faire connaître davantage.

« Le délai pour traduire une œuvre qui, de un an, a été porté à trois ans puis à dix ans, ne saurait être étendu davantage. Vous venez d'obtenir dix ans, il faut mettre un temps d'arrêt car, en demandant cinquante ans, vous ferez que les Etats dissidents prendront peur et n'adhéreront pas à la convention de Berne.

« Si, dans dix ans, une œuvre n'a pas été traduite, il est plus que probable qu'elle ne le sera jamais; l'orateur termine en disant qu'il ne peut admettre le délai de 50 ans.

« M. le commandeur PAULO FAMBRI, regarde la traduction comme une œuvre originale, le traducteur y mettant beaucoup du sien fait une œuvre nouvelle, néanmoins il fait une différence entre une œuvre littéraire et une œuvre scientifique. Dans cette dernière, le traducteur n'y apporte rien et il commet un vol en la traduisant sans y être autorisé.

« Il faut que le délai pour traduire une œuvre soit augmenté, le délai de 10 ans ne lui paraît pas suffisant, ce laps de temps étant souvent trop court pour qu'une œuvre soit appréciée, pourtant il n'admet pas la perpétuité qui n'est pas un caractère nécessaire de la propriété, la limite aux droits ne détruit pas la propriété.

« Le délai que l'on doit donner est la vie, mais la vie n'étant pas un chiffre, il est nécessaire de prendre une moyenne et de donner un délai de 25 ans au minimum à l'auteur, pour faire traduire son œuvre, bien que son désir soit d'accorder la vie de l'auteur.

M. POUILLET maintient la décision de la Commission et dit que le Congrès ne peut pas émettre un vote qui puisse porter atteinte à la propriété littéraire.

M. FAMBRI réplique qu'il est défenseur du droit de propriété, mais qu'avant tout il faut être pratique et qu'en présence d'Etats dissidents il est nécessaire de faire des concessions, et c'est là le motif pour lequel il propose 25 ans comme délai du droit de traduction.

M. Louis ULBACH fait observer que la Conférence de Berne a limité à dix ans le droit de traduction, mais cette période n'a été acceptée que parce qu'on n'a pas pu obtenir davantage et dans un protocole la Conférence a émis le vœu que le droit de traduction fût assimilé au droit de reproduction.

M. Castori dit que la question doit être envisagée sous un point de vue différent, et qu'il faut considérer non seulement l'intérêt privé, mais l'intérêt public qui lui est bien supérieur. Il prend comme principe que le droit de traduction est un droit, une conséquence absolue et nécessaire du droit de propriété littéraire, et il ne croit pas que traduire soit contrefaire.

« La traduction diffère de la reproduction parce qu'elle renferme une valeur personnelle, mais elle doit être respectée et protégée de la même façon L'orateur termine en disant qu'il ne saurait reconnaître que l'on puisse admettre un terme différent pour la reproduction que pour l'original.

Après une réplique de M. Fambri qui maintient son opinion, M. Bolaffio, avocat, expose les motifs pour lesquels la Conférence de Berne a accueilli la proposition des délégués italiens qui limitait à dix années le droit de traduction. Il fait l'historique de la législation italienne sur la matière et cite l'opinion exprimée par un sénateur avant la loi de 1865, loi qui a fait une distinction entre la forme intrinsèque qui appartient à l'auteur et la forme extrinsèque qui appartient au traducteur. L'opinion de l'orateur est que l'on doit fixer une limite de temps pour le droit de traduction qui pourrait être la durée de la vie de l'auteur et il ajoute qu'en principe il ne peut approuver l'assimilation entre la production et la reproduction.

M. Lermina dit que l'orateur fait une confusion, que le Congrès ne fait pas un cours de littérature, mais de droit ; il reconnaît qu'une traduction peut avoir plus ou moins de valeur ; mais nous ne nous préoccupons que d'un principe, à savoir que la traduction doit être assimilée à la reproduction ; nous n'avons pas à assigner un délai, mais à confirmer simplement ce que nous avons déjà affirmé.

M. Le Président fait observer que le texte de la proposition en discussion est le même que celui qui a déjà été voté dans un précédent Congrès.

M. L. Gattreux dit que la formule proposée est trop concise et qu'elle peut inquiéter les esprits timorés, il pense que l'on pourrait lui substituer le texte de la loi belge, texte déjà discuté et approuvé par M. Pouillet; avant de formuler sa proposition, l'orateur demande à la faire précéder d'un préambule justificatif.

« Attendu que l'auteur d'une œuvre littéraire a sur elle un droit absolu et exclusif, qu'il peut seul la publier, la vendre, la distribuer ;

« Attendu que la traduction n'est qu'une des formes ou des manisfestations dont les œuvres littéraires sont susceptibles;

« Attendu que l'auteur peut céder le droit de traduire son œuvre et en tirer ainsi un nouveau profit ; qu'en autorisant des tiers à faire des traductions sans l'aveu de l'auteur on causerait à celui-ci un préjudice d'autant plus sérieux qu'une traduction mauvaise ou mal faite peut, en diminuant l'attrait qu'offre une œuvre, nuire à son succès en même temps qu'à la réputation et à la considération littéraire de l'auteur :

DROIT DE TRADUCTION

« *Le Congrès émet le vœu que les États adhérents à l'Union de Berne adoptent le principe de l'assimilation complète du droit de traduction au droit absolu sur l'œuvre originale et admettent les règles consacrées par la loi espagnole et formulées ainsi qu'il suit par la loi belge.*

I. *L'auteur d'une œuvre littéraire ou artistique a seul le droit de la reproduire ou d'en autoriser la reproduction, de quelque manière et sous quelque forme que ce soit.*

II. *Le droit de l'auteur sur une œuvre littéraire comprend le droit exclusif d'en faire ou d'en autoriser la reproduction.*

M. Pouillet dit que la Commission admet la rédaction proposée.

Mise aux voix, la proposition faite par M. L. Cattreux est votée à à l'unanimité.

M. L. Ratisbonne cède le fauteuil de la présidence à M. Paolo Ferrari, vice-président.

M. le président Paolo Ferrari donne la parole à M. J. Lermina, pour la question qui figure au programme : de l'étude de la loi sur la propriété littéraire aux États-Unis (Copyright).

M. Jules Lermina lit le rapport suivant :

LE COPYRIGHT AUX ÉTATS-UNIS

RAPPORT DE M. JULES LERMINA

Messieurs, en cette question de la propriété littéraire aux États-Unis, il convient tout d'abord de bien exposer la situation, d'étudier ce qui est, ce qui peut être, ce qui sera. Et en premier lieu, il faut reconnaître que la question soumise au Congrès a été formulée en des termes inexacts. Car elle vise la loi nouvellement votée aux États-Unis, et cette loi nouvelle, après avoir été approuvée par le Sénat, a été ensuite écartée par la commission du Congrès. Ici encore une distinction est nécessaire : la loi ancienne, — aujourd'hui subsistante par le retrait de l'amendement Chace, étant défectueuse de tous points, nous avions salué avec une satisfaction très sincère la promesse de modifications qui, dans notre espérance, devaient, en changeant l'état de choses si contraire aux principes dont nous sommes les défenseurs, faire enfin entrer la grande République Américaine dans le concert de civilisation universelle, où la propriété des œuvres de l'esprit doit être protégée avec plus de respect encore que celle des choses matérielles. Car c'est notre principe, vous le savez, que l'œuvre du cerveau humain est plus saine, plus vénérable encore que l'objet matériel, sur lequel les droits de propriété n'ont point cette cause première et excellente de la création, condition essentielle de la propriété intellectuelle.

Mais notre joie a été de courte durée : l'amendement présenté par le sénateur Chace nous avait été à peine communiqué que nous pûmes constater avec stupeur que s'il constituait un progrès apparent, par la suppression de quelques expressions typiques, négatives du droit international, respectueux du droit des étrangers à l'égal de celui des nationaux, en vertu des lois de la justice universelle, par contre il édictait, par des instructions presque perfides, voilées sous un semblant de garanties excessives, la négation même du droit de propriété, mal reconnu en principe et dans la pratique rendu parfaitement illusoire par la multiplicité des formalités exigées.

Ce fut à ce moment que nous rédigeâmes le programme du Congrès. Mais quelques semaines après, nous apprenions le retrait de l'amendement. Quelles raisons l'avaient motivé ? Procédaient-elles des quelques points de libéralisme qu'il admettait ou au contraire visaient-elles ces complications mauvaises, ces arguties en vertu desquelles on retirait d'une main les garanties accordées de l'autre ? Il ne nous appartenait pas de préjuger les opinions du législateur américain. Mais il nous a paru utile de procéder à une étude attentive, et de la loi existante et des tendances que manifestait l'amendement Chace, de tirer de cette étude les conséquences qu'elle comporte, et finalement d'adresser à la République des Etats-Unis, par la voix autorisée de ce Congrès, un appel ou plutôt un rappel aux lois du progrès, certains que nous sommes que la logique et la vérité sont toutes puissantes et triomphent même des préjugés les plus enracinés.

Nous allons donc, aussi succinctement que possible, passer en revue les articles du code américain, qui visent la propriété littéraire, puis les articles de l'amendement Chace. Après quoi nous vous proposerons le vote de conclusion que vous voudrez bien, nous l'espérons, appuyer de votre haute autorité.

**

La loi des Etats-Unis est la seule, dans le monde entier, qui soit ainsi formulée :

Art. 4952. — Tous citoyens ou habitants des Etats-Unis qui seront auteurs, créateurs, artistes ou propriétaires d'un livre..... auront le droit exclusif de publier leurs œuvres...

C'est-à-dire que c'est la seule loi qui, dès son début, pose le principe d'inégalité entre les citoyens des Etats-Unis et les étrangers — le besoin de faciliter l'immigration ayant seul fait admettre l'expression d'habitants.

Ainsi, dès le début, un fait éclate. La propriété littéraire n'est pas un droit supérieur inhérent à toute créature humaine qui, par son travail cérébral, produit une œuvre. Elle est étrangère dans le cercle étroit de la nationalité. L'Américain-citoyen ou résident jouit de la propriété intellectuelle. Les étrangers sont exclus de ce bénéfice. C'est la loi de Munroë appliquée aux choses de l'esprit, c'est la main mise sur la pensée humaine. En fait, la propriété intellectuelle n'est pas reconnue : on ne fait d'exception que pour les nationaux. Que Shakespeare écrive *Hamlet*, Dante la *Divine Comédie*, Cervantès *Don Quichotte*, Gœthe *Faust*, Hugo la *Légende des siècles*, pour les Américains ils n'ont pas droit à la propriété de leur pensée. Il faut qu'ils s'appellent Longfellow, Emerson, Edgar Poë, pour que leurs œuvres leur appartiennent.

Nous n'insisterons pas, Messieurs, il y a là un déni d'humanité qui frappe les plus ignorants.

L'amendement Chase supprime ces mots malencontreux. Désormais, l'article 4952 sera commencé par ces mots : « Tous auteurs, créateurs, artistes. » Progrès très réel et qui tout d'abord nous avait paru d'un excellent augure. Car c'était là reconnaissance du principe dans son universalité, sans bornes ni limites.

Nous voulons espérer que cette modification était l'expression de l'opinion publique, le cri de la conscience générale aux États-Unis. Pourtant, nous n'avons pas la joie de l'enregistrer définitivement.

*
* *

Mais, messieurs, quelle est la première condition d'un droit, vrai, complet, réel. C'est de s'affirmer par l'existence même de son objet. Une maison appartient à son propriétaire. Il n'est pas de vérité plus banale. Donc, une œuvre intellectuelle appartient à celui qui l'a produite. Pour la maison, il est inutile que le propriétaire affirme son droit; il est, il préexiste à toute formalité : pour la propriété intellectuelle il en est de même en France, en Italie, en Espagne, en Angleterre, partout où les droits de l'esprit ne sont pas mis en question. L'œuvre éclose appartient *ipso facto* à celui qui l'a créée. La loi le reconnaît, la sanctionne et, pas plus que le propriétaire d'une maison, le créateur d'une œuvre n'a besoin d'écrire sur sa propriété : Il est interdit aux voleurs de s'emparer de ce bien.

Aux États-Unis il n'en est pas de même. La propriété intellectuelle n'existe pas par elle-même. Il faut que le créateur de l'œuvre sollicite de l'État la reconnaissance de son droit, qu'il obtienne une sorte d'*exequatur*, sinon il n'en est pas propriétaire. Insistons sur cette mesure. En France, par exemple, nul n'a le droit de porter la main sur une production de l'esprit qui — sans formalités — appartient, par le fait même de sa production, de sa publication, à son auteur. Aux États-Unis, l'auteur produit, publie, mais son œuvre ne lui appartient qu'autant qu'il réclame la reconnaissance de sa propriété. En fait, cette œuvre — née de son cerveau, de son travail — ne lui appartient pas. Car, s'il néglige la moindre des formalités très compliquées qui lui sont imposées, cette propriété lui est déniée.

C'est ce qui ressort clairement de l'art. 4956 qui édicte les obligations suivantes :

« ART. 4956. — Pour être investi d'un *copyright*, il faut : 1° avant la publication déposer au bureau du bibliothécaire du Congrès, ou adresser par la poste audit bibliothécaire à Washington, district de Columbia, un exemplaire imprimé de tout livre ou autre œuvre, ou la description de tout tableau, dessin, chromolithographie, sculpture, statue modèle ou esquisse préparé pour l'exécution d'une œuvre d'art, dont on désire s'assurer la propriété; — 2° dans les dix jours qui suivent la publication, déposer également au bureau du bibliothécaire du Congrès ou adresser par la poste audit bibliothécaire, à

Washington, district de Columbia, deux exemplaires de tout livre
ou autre œuvre dont le *copyright* est requis, ou, s'il s'agit de ta-
bleaux, dessins, sculptures, statues, modèles ou esquisses pré-
parés pour l'exécution d'une œuvre d'art, une épreuve photogra-
phique. »

Ce double dépôt, avant et après publication, semble une superfé-
tation. Mais, si on l'admet, tout en discutant son utilité, tout au
moins ne saurait-on trop protester contre cette tendance qui fait
dépendre le droit de propriété de son accomplissement. En France,
ce dépôt doit être fait — par les soins de l'imprimeur ou de l'auteur
— une seule fois, lors de l'apparition ; mais il a pour but, non d'établir le droit de propriété, mais seulement de faciliter le service de
la Bibliothèque nationale. Le défaut de dépôt peut être considéré
comme une contravention, mais il ne prévaut pas contre le droit de
l'auteur qui existe réellement, par le fait de la publication. Nul ne
serait fondé à contester ce droit, sous prétexte que le dépôt ne
serait pas effectué.

Là est la différence fondamentale entre l'esprit de nos législations
et celle qui a cours aux Etats-Unis.

Et c'est ici le moment d'étudier quelle tendance a révélé l'amendement Chace. Est-ce vers la simplification ? Est-ce vers la reconnaissance du droit ? Jugez-en. Voici l'article en amendement proposant
la substitution aux dispositions de l'article 4956 :

ART. 4956. — Nul ne sera investi d'un *copyright* qu'à la condition
d'avoir, avant la publication aux Etats-Unis ou dans un pays étranger, déposé au bureau du bibliothécaire du Congrès à Washington,
district de Columbia, soit un exemplaire imprimé du titre de tout
livre ou autre œuvre littéraire, soit la description de tout tableau,
dessin, chromolithographie, sculpture, statue, modèle ou esquisse
préparé pour l'exécution d'une œuvre d'art, sur lequel il désire que
le *copyright* soit garanti ; il doit, en outre, au moment même de la
publication de ladite œuvre aux Etats-Unis ou dans un pays étranger, déposer au bureau du bibliothécaire du Congrès à Washington,
district de Columbia, ou remettre à la poste sur le territoire des
Etats-Unis, à l'adresse du bibliothécaire du Congrès à Washington,
district de Columbia, deux exemplaires, *composés et imprimés sur
le territoire des Etats-Unis*, de tout livre ou toute composition dramatique, faisant l'objet du *copyright;* — dans le cas d'une œuvre
reproduite par la gravure, d'une photographie ou autres articles
analogues, deux reproductions ; — dans le cas d'un tableau, d'un
dessin, d'une sculpture, d'une statue, d'un modèle ou d'une esquisse
préparé pour l'exécution d'une œuvre d'art, une épreuve photogra-
phique.

Ceci est la première partie de l'article Chace. Il convient de s'y
arrêter.

Premier point : avant publication, au lieu d'un exemplaire, il faut
déposer un exemplaire imprimé du titre de tout livre ou autre
œuvre littéraire. Quoique cette distinction entre la feuille du titre
et l'exemplaire lui-même paraisse peu utile, admettons qu'elle
constitue un progrès. Mais tout d'abord, nous voyons, à notre
grande surprise, que les exemplaires envoyés à Washington par

voie postale doivent être déposés à un bureau de poste *sur le territoire des Etats Unis*. Ceci est à l'adresse des étrangers, qui se trouvent ainsi forcés d'avoir recours à un intermédiaire américain, et
cela bien inutilement il semblerait, si l'article 4961 n'obligeait le propriétaire du copygriht à se munir d'un récépissé émanant du bureau de poste ; de telle sorte que le directeur du bureau de poste
étant partie agissante dans les formalités de dépôt, doit nécessairement être Américain.

Mais où l'amendement Chace se distingue par une faculté d'invention toute spéciale, c'est quand il imagine d'obliger l'auteur d'un
livre publié à l'étranger d'en déposer à Washington ou à un bureau
de poste des États-Unis deux exemplaires *composés et imprimés
sur le territoire des États-Unis*. On hésite à comprendre. Est-ce
donc bien réellement que l'auteur d'un livre devra faire fabriquer
spécialement deux exemplaires de son livre par un imprimeur des
Etats-Unis ? *Composés et imprimés* le texte est formel, c'est donc
pour ces deux exemplaires d'un volume par exemple, une dépense
de 600 à mille francs ! Et comment cette impression se ferait-elle ?
Comment l'auteur en surveillerait-il l'exécution ? Faudrait-il donc
qu'il se résignât au voyage ? Et pourtant dans cette formule, l'équi-
voque n'est pas possible. C'est bien réellement ainsi que l'amendement Chace prétendait protéger le droit de propriété des étrangers.

C'est ainsi qu'éclate l'esprit mercantile — indigne de la grande
cause que nous défendons, — auquel obéissait l'auteur de l'amendement. Il s'agissait uniquement pour lui de protéger l'industrie
typographique aux États-Unis. Ce n'est pas des droits de l'intelligence humaine qu'il s'agissait, mais des bénéfices que peut procurer la fabrication matérielle du livre. Car cette restriction équiva-
lait à cette formule beaucoup plus simple :

« Nul livre ne sera protégé, s'il n'a pas été imprimé aux Etats-
Unis. »

Admettre les étrangers au bénéfice de la loi, mais en compen-
sant cette admission par une pareille obligation, c'est nier leur
droit, en semblant le reconnaître. Disons-le, il y avait là une sorte
d'hyprocrisie dont les Américains ont su faire justice, en écartant
cet amendement dans sa totalité.

Ce caractère de protection, non des auteurs contre les contrefac-
teurs, mais des nationaux contre les étrangers, devenait plus
patent encore dans la suite de ce même article 4956, car nous y
lisons :

« Pendant la durée du *copyright*, l'importation aux Etats-Unis de
tous livres ou autres œuvres dont les droits seront ainsi garantis
sera, aux termes des présentes, frappée de prohibition, sauf dans
les cas spécifiés à l'article 2505 des Statuts revisés des Etats-Unis,
ou à moins qu'il ne s'agisse de personnes les ayant acquis pour leur
usage personnel et non pour la vente, et important en une seule
fois deux exemplaires au plus ; pour l'application de ces deux ex-
ceptions, le consentement écrit du propriétaire du *copyright*, signé
en présence de deux témoins, devra être produit à chaque importa-
tation. Toutefois l'éditeur d'un journal ou d'un recueil peut, sans
un tel consentement, importer pour son propre usage, mais non
pour la vente, deux exemplaires au plus d'un journal ou d'un re-

cueil publié dans un pays étranger. Tous les employés des douanes et des postes sont requis par les présentes de saisir et de détruire tous les exemplaires des articles prohibés passant par le bureau des douanes ou introduits de toute autre manière aux Etats-Unis, ou transmis au service des postes des Etats-Unis. S'il s'agit de livres en langues étrangères, dont la traduction en anglais a fait seule l'objet d'un *copyright*, la prohibition à l'entrée ne frappera que ladite traduction et l'importation de ces ouvrages dans le texte original sera autorisée. »

Ces dispositions venaient en aggravation des dispositions de l'article 2505 visé, ainsi formulé :

« Objets admis en franchise :

« Livres qui auront été imprimés et manufacturés plus de vingt ans avant la date de l'importation ;

« Livres, cartes géographiques ou marines, qui seront importés par le Gouvernement pour le service de l'Etat ou pour l'usage de la bibliothèque du Congrès ; les droits d'entrée ne devront pas être compris dans le contrat ou le prix payé ;

« Livres, cartes géographiques ou marines, importés spécialement, au nombre de deux exemplaires au plus par envoi, et de bonne foi, soit pour l'usage d'une société constituée et créée en vue d'études philosophiques, littéraires ou religieuses, ou dans le but d'encourager les beaux-arts, soit pour l'usage ou sur la commande d'un collège, d'une académie, d'une école ou d'un établissement d'instruction des Etats-Unis ;

« Livres appartenant à des personnes qui arrivent aux Etats-Unis et servant à l'exercice de leur profession ;

« Livres faisant partie du mobilier, bibliothèques ou parties de bibliothèques, à l'usage de personnes ou de familles venant de pays étrangers, si elles s'en sont servies au dehors au moins pendant une année et si elles ne les destinent pas à d'autres personnes et ne les apportent point pour la vente. »

Il est impossible d'ouvrir plus largement la porte à l'importation frauduleuse. N'est-il pas surprenant qu'un pays d'intelligence claire, vive, primesautière, qui veut dans ses affaires la promptitude et la sûreté d'exécution, imagine, quand il s'agit de propriété littéraire, de pareilles chinoiseries ? N'est-il pas presque révoltant de voir que, sous prétexte d'éducation publique, les bibliothèques, établissements de l'Etat, collèges, se puissent approvisionner de livres au mépris du droit des auteurs ?

Aujourd'hui l'article 2505 seul subsiste, facilitant l'importation, à notre point de vue frauduleux des droits de l'auteur. Nous ne regrettons pas de l'amendement Chace, cette obligation d'une autorisation émanant de l'auteur, impossible à obtenir dans la pratique.

Nous passerons sur un détail de l'amendement Chace qui doublait, à l'égard des étrangers, le droit fiscal à payer pour enregistrement d'un copyright. Cette inégalité était considérée comme la contrepartie nécessaire de l'octroi gracieux fait aux étrangers de la reconnaissance, d'ailleurs très platonique de leurs droits.

L'article 4962 de la loi existante exige la mention sur chaque exemplaire de l'ouvrage de la formule prohibitive. On sait que tous nos efforts tendent à faire disparaître cette obligation, et quand il sera question ici des améliorations à introduire dans la Convention de Berne, nous vous demanderons de formuler un vœu en ce sens. Selon nous, une œuvre littéraire est présumée propriété de son auteur, par le fait même de son existence, et sauf preuve contraire. L'auteur n'a pas à réserver son droit : il existe par lui-même, indépendamment de toute formule.

**

Ainsi encore dans la loi des Etats-Unis, telle qu'elle se comporte aujourd'hui, l'impression d'un manuscrit sans le consentement de son auteur n'est considérée que comme une contravention, ne donnera lieu qu'à des dommages-intérêts (art. 4967). Pour nous, il y aurait dans un semblable fait, s'il venait à se produire, un acte — vol ou abus de confiance — tombant sous la loi pénale, devant être réprimé par l'action du ministère public, indépendamment de l'action en indemnité qui pourrait résulter de la poursuite.

**

Nous ne viserons plus qu'un seul point de cette législation qui, nous devons le déclarer, est contraire, dans son principe et dans ses applications aux règles reconnues par la majorité des Etats européens. Il s'agit de la durée du droit fixée à 28 ans, alors que le délai de 50 ou de 80 ans après la mort de l'auteur est aujourd'hui admis par le plus grand nombre des législations. Mais les Etats-Unis ont ajouté une aggravation à cette parcimonie. Elle gît dans l'article 4954 :

Art. 4953. — Les *copyrights* seront accordés pour un délai de vingt-huit ans, à courir de l'enregistrement du titre de l'œuvre, dans les conditions indiquées ci-après.

Art. 4954. — L'auteur, le créateur ou l'artiste, s'il est encore vivant, ou, en cas de décès, sa veuve ou ses enfants obtiendront la prolongation de cette jouissance exclusive pour un nouveau délai de quatorze ans, en faisant enregistrer une seconde fois le titre de l'ouvrage ou la description de l'œuvre d'art dont la propriété est garantie, et en accomplissant toutes les autres formalités exigées pour la constatation primitive du *copyright*, dans un délai de six mois avant l'expiration de la première période. Lesdites personnes devront, dans un délai de deux mois à partir du renouvellement du *copyright*, faire publier pendant la durée de quatre semaines l'extrait d'enregistrement dans un ou plusieurs journaux imprimés aux Etats-Unis.

Ainsi cette législation ne garantit même pas à l'auteur la jouissance de son droit pendant sa vie, ce qui, en Europe, ne comprend pas d'exception. Il faut que l'auteur renouvelle lui-même, s'il est vivant, les formalités édictées, et à ce prix il obtient une prolongation de 14 ans.

Mais l'héritier, la veuve, les enfants, ne sont pas *ipso facto*, propriétaires. Il leur faut de nouveau réclamer, affirmer leur droit, au prix de nouvelles démarches, de nouvelles dépenses qui peuvent être très élevées, en raison de la publicité exigée.

**

De cette rapide étude, il résulte que si la loi actuellement existante aux Etats-Unis ne satisfait pas les aspirations de ceux qui sont respectueux du droit réel, imprescriptible de l'auteur, les tendances manifestées par l'amendement Chace, loin de constituer une amélioration, indiquaient une volonté prohibitive. Il est vrai que les auteurs étrangers semblaient jusqu'à un certain point assimilés aux auteurs nationaux ; mais la multiplicité des formalités exigées, l'obligation inadmissible de faire imprimer les livres aux Etats-Unis, compensaient trop largement cette prétendue reconnaissance de leurs droits.

Notre opinion se peut résumer en quelques mots :

Tant que — aux Etats-Unis — la reconnaissance du droit de l'auteur procédera, non pas du sentiment élevé et respectueux des privilèges de l'intelligence humaine — mais uniquement d'un esprit fiscal, commercial et prohibitif, la législation s'en trouvera en désaccord avec les principes que l'Association littéraire et internationale, d'accord avec la conscience publique, défend depuis dix ans et qui ont été formulés dans la Convention de Berne.

Nous sommes heureux cependant de constater que la question de la propriété intellectuelle est l'objet d'une attention sérieuse de la part de la grande République ; nous savons qu'un mouvement considérable se forme en faveur de sa reconnaissance réelle et effective, et nous avons la conviction que les efforts des champions du droit ne resteront pas impuissants.

La suite de la discussion est renvoyée au lendemain. La séance est levée à 4 heures 3/4.

Séance du mardi 18 septembre 1888.

—

Présidence de M. le commandeur PAULO FAMBRI.

La séance est ouverte à 2 heures 1/2, dans la grande salle de l'Athénée.

Après avoir fait quelques communications relatives aux fêtes qui sont offertes aux membres du Congrès, M. C. EBELING donne lecture du procès-verbal de la précédente séance.

Le procès-verbal est adopté.

L'ordre du jour comporte la suite de l'examen de la loi du *Copyright* aux Etats-Unis.

M. JULES LERMINA a la parole. « Rappelant ses conclusions de la séance précédente, il ajoute qu'il lui semble indispensable d'employer, vis-à-vis des Etats-Unis, des expressions d'autant plus courtoises que l'Association remplit en ce cas un rôle de conseiller très modeste.

« Il remercie les éditeurs américains d'avoir pris l'initiative d'un mouvement d'opinion qui s'est manifesté de l'autre côté de l'Océan; mais il avoue que dans le projet élaboré actuellement des points sont encore navrants à examiner.

« Il ne s'agit pas seulement de la question d'être citoyen américain ou résident pour avoir les droits de l'auteur, c'est, en ce cas, une pure raison d'immigration qui est en jeu. Il s'agit, par exemple, du droit des héritiers : à vrai dire, il est éliminé. L'héritier n'est pas mis, en effet, en possession *ipso facto* de son héritage ; il faut qu'il se livre à une série de déclarations auprès du bureau de Washington qui, par leur brièveté (le premier délai est de huit jours après la mort de l'auteur) et par leur multiplicité, font risquer à ce droit de tomber le plus souvent dans le domaine public. Ce simple exemple ne suffit pas à motiver le mouvement qui s'est formé là-bas et que nous appuyons ici de toutes nos forces.

« La vœu formulé dans la séance précédente a été communiqué au représentant des Etats-Unis à Paris, il s'est engagé à le déposer sur le bureau du Congrès de Washington. »

M. POUILLET pense qu'après le rapport de M. Lermina, la discussion n'est plus possible, mais il tient à indiquer que le mouvement d'opposition qui empêchera peut-être la loi d'être votée vient tout entier des imprimeurs et typographes. Que disent-ils en effet « que toute protection peut être accordée à l'étranger, mais à la condition qu'il fasse imprimer ses œuvres en Amérique ; sinon, que pas un de ses livres ne puisse pénétrer sur les territoires de la République.»

« C'est en somme une raison toute mercantile qui les pousse.

« Certes, si les littérateurs étaient traités comme les artistes, on pourrait encore patienter. Les Américains sont assez prêts en effet à accorder aux artistes étrangers les mêmes droits qu'aux auteurs nationaux, quoique l'exercice de ces droits soit fort difficile. Il faut en effet un enregistrement et l'envoi de deux photographies au gouvernement de Washington, et cela avant toute publication. En Italie, sans doute, les mêmes entraves sont apportées aux droits de l'artiste, mais le délai est autrement long, il est de dix ans après l'apparition de l'œuvre. Encore doit-on souhaiter que l'Italie abolisse ce délai si long qu'il puisse paraître à quelques-uns.

« Mais quand il s'agit de littérature, c'est une toute autre chose ; la piraterie est alors inouïe, et cette piraterie est seulement inspirée il faut le répéter, par les ouvriers typographes, si puissants aux Etats-Unis. »

L'orateur cite les deux exemples rapportés par M. Valadon dans une brochure récente sur les vols véritables commis par deux éditeurs américains au détriment de leurs confrères anglais ; il s'agit de véritables tours de force pour publier à New-York, en même temps qu'à Londres, un ouvrage inédit, de bateaux équipés à cet effet, d'ouvriers typographes préparant les formes à bord, afin qu'elles fussent prêtes à l'arrivée.

« Il ajoute qu'un imprimeur influent soutenait hardiment que le travail n'était rien sans celui de l'imprimeur, puisque sans impression le livre n'existait pas.

« A côté de cette opposition, un courant sympathique s'est fait heureusement et M. Estes espère avec raison, que tous les plus petits pays du monde auront bientôt reconnu un droit qui n'est pas encore admis dans les mœurs aux Etats-Unis. Le pasteur Van Dyck en a fait l'objet d'un sermon.

« Trois ligues existent d'ailleurs en Amérique: la ligue des éditeurs, la ligue du droit d'auteur, la ligue internationale.

« A Paris, une ligue nouvelle ajoute tous ses efforts à ceux des Américains. Le moment est venu d'envoyer l'expression de ceux que nous faisons nous-mêmes. »

M. DE HESSE WARTEGG propose d'ajouter à la formule de la Commission une considération qui se manifestera du reste ultérieurement à propos de quatre pays européens : le Portugal, la Hollande, l'Autriche-Hongrie et la Russie.

Il cite en passant, pour appuyer le dire de M. Valadon l'exemple d'une équipe de cent-quatre-vingts ouvriers typographes chargés d'envoyer à un éditeur d'Amérique un nouveau texte de la Bible ; son espérance fut déçue par la générosité du journal *le Chicago Times* qui se fit envoyer par dépêches moyennant 14,000 dollars le texte de la bible et l'offrit en supplément à ses lecteurs :

Invité à formuler son vœu, l'orateur dépose la proposition suivante :

Le Congrès invite cordialement les écrivains et la Presse des Etats-Unis à appuyer ce vœu de tous leurs efforts.

M. le président FAMBRI est d'avis de réunir les deux propositions dans le même vote, et il rappelle le texte de la proposition de la commission qui est ainsi formulée :

PROPRIÉTÉ LITTÉRAIRE AUX ÉTATS-UNIS

Le congrès envoie aux défenseurs de la propriété intellectuelle internationale aux Etats-Unis, le sincère témoignage de sa gratitude et ses plus actifs encouragements : il espère que dans un temps peu éloigné les droits imprescriptibles de la pensée humaine seront reconnus et protégés sans distinction entre les nationalités des auteurs et autant que possible conformément aux principes énoncés dans la Convention internationale de Berne.

Toutes les mains se lèvent pour appuyer les deux propositions et M. le président ne croit pas qu'il y ait lieu à une contre-épreuve.

Après une intéressante lecture de M. le commandeur **Charles Castellani** sur la propriété littéraire au XVe siècle à Venise, la séance est levée à 4 heures 1/2.

Séance du mercredi 19 septembre 1888.

—

La séance est ouverte à 10 heures du matin, dans la grande salle de l'Athénée, sous la présidence de M. LOUIS RATISBONNE.

M. LE PRÉSIDENT donne lecture du télégramme suivant rédigé en langue italienne :

A Monsieur Louis Ratisbonne, président de l'Association littéraire internationale à Venise de Monza.

Le Roi mon auguste souverain a été très reconnaissant de la preuve de sympathie que lui a donnée l'Association littéraire et artistique internationale en l'acclamant son protecteur. S. M. le Roi remercie de l'affectueux hommage à lui rendu par une Société dont le développement sera fécond en utiles résultats pour la production des œuvres du génie humain, propriété sacrée des individus et bienfait et lumière pour toutes les nations.

M. LE PRÉSIDENT dit que l'Association est heureuse et fière de cette marque d'honneur et que ce télégramme a une haute portée internationale dont la France et l'Italie ont lieu de se réjouir.

La lecture en est accueillie par des applaudissements unanimes et sur la proposition de M. de HESSE WARTEGG l'Assemblée se lève comme témoignage de sa gratitude envers le Roi d'Italie.

(Acclamations et applaudissements prolongés.)

M. A. OCAMPO, l'un des secrétaires, donne lecture du procès-verbal de la dernière séance.

Le procès-verbal est adopté.

L'ordre du jour comporte les modifications à apporter à la Convention de Berne.

M. POUILLET, président et rapporteur de la Commission, rappelle que l'on est heureux de posséder la convention de Berne qui est une bonne œuvre, ce qui n'empêche pas qu'elle renferme certains points qui ne sont pas conformes au désir de l'Association ; la Commission a été d'accord de restreindre le terrain de la discussion qui pourrait entraîner trop loin et de ne s'occuper que de traiter les améliorations sur les réserves imposées par la Convention.

La Commission a donc cru devoir se borner à formuler des vœux relativement d'abord à l'article 7 de la Convention, ainsi conçu:

Art. 7. — Les articles de journaux ou de recueils périodiques publiés dans l'un des pays de l'Union peuvent être reproduits, en original ou en traduction dans les autres pays de l'Union, à moins que les auteurs ou éditeurs ne l'aient expressément interdit. Pour les recueils, il peut suffire que l'interdiction soit faite d'une manière générale en tête de chaque numéro du recueil.

En aucun cas, cette interdiction ne peut s'appliquer aux articles de discussion politique ou à la reproduction des nouvelles du jour et des faits-divers.

Et ensuite au dernier § de l'article 9 ainsi conçu :

« *Les stipulations de l'article 2 s'appliquent également à l'exécution publique des œuvres musicales non publiées ou de celles qui ont été publiées, mais dont l'auteur a expressément déclaré sur le titre ou en tête de l'ouvrage qu'il en interdit l'exécution publique.* »

M. POUILLET fait observer qu'en conséquence de l'article 7 qu'il vient de citer, un auteur ne peut empêcher la reproduction d'un article d'un feuilleton ou d'une chronique qui se trouve tombé dans le domaine public, s'il a omis de faire mentionner la réserve expresse de ses droits, et il ajoute que l'article 9 présente le même inconvénient à l'égard des œuvres musicales, aussi la Commission a-t-elle été d'avis de proposer au Congrès de formuler le vœu suivant :

CONVENTION DE BERNE

I, *L'obligation imposée par la Convention de Berne* (art. 7 et 9), *aux auteurs d'articles insérés dans les journaux ou les recueils périodiques, d'en interdire la reproduction, ou aux auteurs d'œuvres musicales publiées de déclarer sur le titre et en tête de l'ouvrage leur intention d'en interdire l'exécution publique, est incompatible avec le droit de propriété appartenant à l'auteur.*

Au sein de la Commission, plusieurs orateurs ont pensé que l'on pouvait ajouter le vœu suivant :

II. — *Le Congrès émet le vœu que le bureau de l'Association s'adresse de nouveau au Conseil fédéral suisse et le prie de provoquer une action diplomatique pour déterminer l'adhésion à la Convention de tous les pays qui n'y ont pas encore adhéré.*

Et comme ceci ne suffirait pas, la Commission a ajouté ce troisième vœu :

III. — *Le Congrès émet le vœu qu'il se forme dans chaque pays, ressortissant ou non de l'Union, des délégations appuyant cette action diplomatique par tous les moyens et notamment par voie de la presse.*

Plusieurs membres ayant ensuite fait remarquer que certains pays n'appliquaient pas la convention et faisaient entre eux des traités particuliers, la Commission a formulé ce vœu :

IV. — *Le Congrès émet le vœu que les délégations de la Russie, de l'Autriche-Hongrie, du Portugal et de la Hollande provoquent immédiatement dans ces pays un mouvement en faveur de leur adhésion à l'Union de Berne.*

Vous verrez, dit en terminant l'orateur, si vous devez adopter ces vœux,

M. Cattreux. — « Pour justifier la proposition qui est soumise au Congrès, il me suffira de présenter quelques considérations ayant une grande analogie avec celles contenues dans le remarquable rapport de mon ami Lermina sur la législation américaine et développées d'une manière si brillante dans la séance d'hier par l'éminent M. Pouillet.

« Je viens vous parler cette fois de la Hollande, qui n'a pas jusqu'ici adhéré à la convention de Berne, bien qu'elle possède une législation intérieure sur la propriété littéraire et artistique.

« Déjà au Congrès de Madrid, j'ai indiqué cette tendance regrettable de la part de certains états, de dénoncer les conventions littéraires et artistiques internationales. J'ai constaté alors que si le mouvement se généralisait, sans l'accession de tous les états à la convention de Berne, on constituerait en quelque sorte, en Hollande, un foyer légal de contrefaçon littéraire,

« Actuellement, on réimprime, on traduit, en Hollande, la plupart des publications littéraires françaises ; on réédite, sans vergogne, les œuvres musicales, on représente ou on exécute, sans souci des auteurs, la plupart des ouvrages dramatiques et musicaux.

« Cependant, la France peut invoquer la convention littéraire conclue en 1884 et mise en vigueur le 16 août 1885, qui a rendu force légale au traité conclu entre les deux états en 1855. La convention de 1884 portait d'une façon explicite que la protection légale était étendue aux œuvres musicales.

« Je ne veux pas ici entrer dans les détails de cette question ; je ne vous parlerai pas des intérêts français au point de vue de la librairie et du commerce de musique. Je me bornerai à vous indiquer un des points les plus intéressants de ce débat.

« On représente sur les théâtres, à la Haye et à Amsterdam, en français, en allemand ou en néerlandais, toutes les œuvres du répertoire français, sans payer un centime de droits d'auteur et l'exécution se fait sur des parties d'orchestre copiées à la main, réunissant ainsi le double délit de l'exécution illicite faite en fraude des droits des auteurs et la contrefaçon manuscrite des partitions en fraude des droits des éditeurs.

« J'ai une liste de plus de 1,200 œuvres françaises, réimprimées ou traduites sans aucune autorisation et ce sont naturellement toutes celles qui offrent les plus grandes chances de succès.

« Voici à cet égard un incident topique qui établit bien la situation.

« En 1886, après le retentissant succès de *Fœdora*, M. Sardou fut avisé qu'un directeur d'Amsterdam annonçait bruyamment les prochaines représentations de cette œuvre, sans qu'aucune autorisation lui eût été demandée et alors qu'il avait conservé le manuscrit de la pièce, se gardant bien de la faire imprimer, afin d'empêcher qu'on ne s'en emparât sans son aveu. Le directeur d'Amsterdam s'était, par fraude ou par ruse, procuré le texte de la pièce, probablement en la faisant sténographier à l'audition, et malgré la défense de M. Sardou, la pièce fut représentée.

« Une plainte fut déposée au Parquet et des démarches de toute nature furent faites afin d'obtenir la réparation du dommage, mais aucune suite ne fut donnée à la plainte et toutes les démarches restèrent infructueuses.

« L'hiver dernier, après le grand succès d'*Othello* à la Scala de Milan, un autre directeur d'Amsterdam annonça immédiatement les représentations de cette œuvre. Aucune autorisation ne fut demandée à l'illustre maître Italien, non plus qu'à l'éminent éditeur cessionnaire de ses droits de représentation, M. Ricordi, que j'aperçois dans cette assemblée.

« Une protestation énergique ne tarda pas à se produire, mais le directeur hollandais passa outre et, ne pouvant se procurer les parties d'orchestre, il fit faire une orchestration par un musicastre quelconque et ainsi l'auteur fut non seulement dépouillé de ses droits, mais odieusement travesti, mutilé, dénaturé. (*Sensation.*)

« Aujourd'hui, la même situation se produit ; le même directeur d'Amsterdam annonce les prochaines représentations du *Roi d'Ys*, et dans une lettre comminatoire qu'il a adressée à l'éditeur, M. Hartmann, il l'informe ingénûment qu'il monte et qu'il met à l'étude le *Roi d'Ys* et qu'il va « faire faire » une orchestration par son chef d'orchestre.

« Il me suffira, je pense, d'exposer de pareils faits pour être dispensé de tout commentaire. Tous ceux qui sont animés de sentiments de justice et d'équité s'uniront pour répudier de pareilles pratiques.

« Il n'y a pas que la France qui soit lésée par ces procédés. L'Allemagne aussi y est vivement intéressée. Deux fois déjà le gouvernement hollandais a présenté aux Chambres un projet de convention avec l'Allemagne ; mais la situation des éditeurs est tellement forte, qu'il a suffi de leur opposition pour constituer deux fois le gouvernement en échec.

« La Hollande a, comme je l'ai dit en commençant, une loi sur la propriété littéraire, dont les Français notamment, en vertu de la convention que j'ai rappelée, devraient pouvoir revendiquer les effets protecteurs ; cependant, elle reste en dehors de l'Union de Berne.

« La Hollande n'a pas de législation sur les brevets d'invention et elle a adhéré à l'Union sur la propriété industrielle. Elle fait donc profiter ses nationaux des bienfaits d'une législation internationale sans rien accorder ou reconnaître chez elle, à titre de réciprocité, à ses cocontractants.

« Il semble qu'il n'y ait pas de raison plausible pour rester intentionnellement, systématiquement en dehors de l'Union de Berne. Déjà de très sérieuses et très énergiques protestations se sont élevées à cet égard en Hollande contre cette situation.

« Une tendance favorable semble se produire aujourd'hui, car il se fait qu'un petit état dépendant politiquement de la Hollande, le Grand Duché du Luxembourg, vient d'entrer dans l'Union de Berne.

« La Hollande se glorifie d'avoir été au XVI⁰ siècle le dernier refuge en Europe de la liberté de conscience et d'avoir donné l'hospitalité aux philosophes et aux penseurs fuyant devant la réaction la plus épouvantable dont l'histoire ait gardé le souvenir.

« Aujourd'hui la plupart des pays d'Europe jouissant de l'émancipation intellectuelle ont adhéré à la convention de Berne.

« On a cité hier l'exemple du Japon qui vient d'édicter une législation nouvelle, et qui annonce son accession à la Conférence de Berne. Nous avons vu M. Ricordi faire décider en Egypte, que, à défaut de dispositions légales, les principes du droit naturel doivent protéger le domaine littéraire et artistique.

« Il convient donc que la situation abusive que je viens de signaler prenne fin.

« Je rappelle ce que j'ai eu l'honneur de dire en 1884 au Congrès à Amsterdam à savoir :

« Après les précédents que nous avons invoqués, les Pays-Bas
« ne pourront plus, pensons-nous, montrer aucune hésitation pour
« appliquer à la propriété littéraire et artistique la décision qu'elle
« a prise pour la propriété industrielle.

« La Hollande n'est pas uniquement préoccupée du soin de s'en-
« richir. Elle ne peut permettre plus longtemps que l'on dépouille
« chez elle les travailleurs de la pensée, car elle compte trop
« d'hommes érudits amis des arts et des lettres. Ce pays, qui a

« servi d'asile à tant de génies et d'illustrations, ne peut rester le
« dernier refuge de la contrefaçon et de la piraterie littéraire. »
  « Telle est, Messieurs, la justification de la proposition soumise
au Congrès.
  « Je me borne à ces courtes considérations sans aucune appréciation. Les faits sont malheureusement trop éloquents par eux-
mêmes et nous pouvons espérer que l'intensité du mal, l'exagéra-
tion des abus que je viens de dénoncer amèneront les hommes
dévoués de la Hollande à mettre fin à une situation qui n'est pas
digne de ce pays. A ce point de vue la proposition soumise au Con
grès pourra, je l'espère, amener ce résultat si désirable. »

  M. WINTGENS, avant de répondre à l'honorable préopinant, fait
observer qu'il est Hollandais, mais, que n'étant pas délégué, c'est
en son nom personnel qu'il va parler.
  Rappelant la citation que M. Ratisbonne a faite des vers de Virgile :

  Sic vos non vobis, nidificatis aves
  Sic vos non vobis, mellificatis apes

qui fait pour ainsi dire remonter à Virgile les premiers vestiges de
la propriété littéraire, il signale que c'est en Hollande, il y a cent
quarante ans, que s'est manifesté le premier signe de vie de la propriété littéraire, et qu'en ce temps-là, la Hollande imprimait les
auteurs français qui ne pouvaient paraître en France et que la contrefaçon y existait d'une façon qui permettait des altérations bien
étranges.
  L'orateur rappelle qu'en 1748, un Congrès diplomatique des puis
sances de l'Europe était réuni à Aix-la-Chapelle et qu'un libraire
de Hollande, qui avait conçu un projet de loi destiné à détruire
la contrefaçon, demanda à ce que cette loi devînt commune à
toutes les nations, et il lui semblait que le meilleur moyen de la
faire adopter était de la faire entrer dans un traité de paix qui
devait être signé par presque toutes les puissances d'Europe.
  « Les plénipotentiaires ont sans doute regardé ce projet de loi
comme un des beaux rêves de l'abbé de Saint-Pierre ou comme
une de ces lois qui ne sauraient exister que dans la supposition de
la fraternité générale inutilement imaginée par l'auteur de l'*Ami
des hommes.*
  « Si depuis la contrefaçon a pris des proportions gigantesques,
c'est en France et en Belgique. En 1840, l'éditeur Baudry, de Paris,
mettait en vente la reproduction de 648 volumes d'ouvrages anglais
qui coûtaient en Angleterre plus de 7,000 francs et qu'il avait réim-
primés en 250 volumes pour le prix de 1,400 francs.
  « Puis, c'est la Belgique qui a contrefait les auteurs français à ce
point que 54 imprimeurs, avec 229 presses, délivraient annuelle-
ment 62,000,000 de feuilles d'imprimerie. Pour y mettre un frein, la
France a fait un retour à la vertu et défendu la reproduction des
ouvrages étrangers par décret du 25 mars 1852. »

  L'orateur dit que plusieurs traités ont été conclus avec la France ;
que le premier était préjudiciable à la Hollande, et qu'étant alors
député, il a eu la satisfaction de le faire repousser et remplacer par
un autre texte plus conforme au droit et à l'équité.

« Si la Hollande n'a pas adhéré à la Convention de Berne, c'est que les choses qui sont parfois les plus équitables arrivent, lorsqu'elles sont portées à des conséquences extrêmes, à des résultats injustes et absurdes. La Hollande ne fait pas de contrefaçons ou fort peu, elle a assez la notion des langues étrangères pour lire les ouvrages étrangers dans leur langue originale.

« La Hollande est un pays de quatre millions d'habitants parlant une langue qui n'est comprise que chez elle, et ne peut être assimilée aux pays qui ont signé la Convention.

« Les représentations théâtrales qui ont lieu dans les trois seules villes d'Amsterdam, Rotterdam et La Haye sont données par une troupe allemande et une troupe française dont les directeurs ont de grandes difficultés à tenir leurs engagements ; s'ils étaient contraints à payer les droits d'auteur ils ne pourraient payer leurs artistes. La Hollande n'a pas les mêmes ressources que la Belgique, car les représentations théâtrales à Bruxelles peuvent aller de pair avec celles de Paris. En adhérant à la Convention de Berne, la Hollande aboutirait au suicide théâtral et musical du pays.

« En dehors du droit n'y a-t-il pas une autre considération à envisager *la gloire* qui doit être mise au-dessus de *l'intérêt*?

« Les génies dramatiques qui doivent d'abord considérer la renommée qui s'attache à leurs œuvres, ne doivent-ils pas être satisfaits de voir pénétrer leurs productions dramatiques dans les pays de frimas comme les nôtres et préférer aux minimes profits qu'ils obtiendraient peut-être avec beaucoup de peine, la générosité naturelle de ceux qui cultivent les lettres et les arts. »

M. JULES OPPERT répond que si M. Wintgens a défendu son pays, il est de son devoir de défendre le sien. Il n'est pas ici question du passé. Baudry, ce libraire qu'on accuse, a été plutôt utile à la littérature étrangère qu'il a fait connaître ; si autrefois, en France, on a fait une mauvaise chose, ce que l'on veut aujourd'hui c'est la justice et le bien.

M. VICTOR SOUCHON désire appuyer de quelques observations le vœu que la commission vient de formuler en faveur de la suppression du dernier § de l'article 9 de la convention de Berne qui met les compositeurs de musique dans un état d'infériorité absolue à l'égard des autres producteurs intellectuels :

« Il est bon qu'une voix s'élève dans cette enceinte en leur faveur, car leurs intérêts doivent être l'objet de votre sollicitude de la même façon que ceux des gens de lettres.

« La Société des auteurs-compositeurs et éditeurs de musique dont j'ai l'honneur d'être l'agent, était au premier rang pour ressentir les défectuosités de la Convention de Berne.

« Le dernier § de l'article 9 dit que la protection stipulée en l'art. 2 de la Convention s'applique également à l'exécution publique des œuvres musicales publiées ou non, *mais dont l'auteur a expressément déclaré sur le titre ou en tête de l'ouvrage qu'il en interdit l'exécution publique*.

« Pourquoi, lorsque les gens de lettres sont pleinement protégés, apporter une aussi grave restriction à la jouissance d'un droit incontestable, quand il s'agit des compositeurs de musique. Quelle différence ont donc trouvée les législateurs dans la nature de leur

propriété pour vouloir la placer sous « *une protection spéciale* »
Pourquoi retirer aux compositeurs par l'article 9, ce qui leur était
entièrement assuré et les dépouiller ainsi de leur droit de propriété !

« Le compositeur ne peut vulgariser son œuvre que par l'édition ;
supposez qu'un éditeur refuse d'imprimer la réserve sur le titre,
sous prétexte que cela nuit à la vente de l'œuvre musicale, ce qui
arrive fréquemment, par la raison que l'éditeur qui imprime cette
mention se trouve écrasé par la concurrence des éditeurs étrangers
qui prenant le contrepied de l'article 9, s'empressent de graver sur
le titre de l'œuvre qu'elle peut être exécutée partout sans aucune
autorisation.

« Or l'intérêt de l'éditeur étant de vendre beaucoup, il ne mettra
pas la mention d'où ruine pour l'auteur, ou s'il la met ruine avec
l'auteur. Le maintien de ce paragraphe constitue une véritable
injustice.

« Qu'arriverait-il si les États contractants de l'Union venaient à
dénoncer les conventions préexistantes à la Convention de Berne.
Ce fait grave, que les compositeurs, français par exemple, qui bé-
néficient des dispositions les plus libérales des conventions con-
clues avec l'Allemagne, la Belgique, l'Espagne et la Suisse, se
trouveraient dans une condition inférieure à celle qu'ils auraient
jamais eue, puisqu'ils retomberaient sur les effets de la Convention
de Berne.

« Les compositeurs de musique ont fait autant pour la gloire de
leur pays que les gens de lettres et les artistes, comme eux ils ont
donné des ailes à la renommée et ont servi la cause de la civilisation dans ses aspirations les plus sublimes et les plus élevées. Le
Congrès ne voudra pas qu'ils subissent un traitement différent dans
ce concert de protection, et c'est en toute confiance que j'attends
son vote sur le vœu soumis à sa sanction. »

M. LE PRÉSIDENT donne lecture des quatre vœux formulés par la
commission, et les met successivement aux voix.

Ils sont adoptés à l'unanimité.

La séance est levée à 11 heures 3/4.

Séance du jeudi 20 septembre 1888.

—

Présidence de MM. L. RATISBONNE et L. ULBACH

La séance est ouverte à 2 heures sous la présidence de M. L. RA-
TISBONNE, qui, en quelques paroles courtoises, cède le fauteuil à
M. LOUIS ULBACH.

M. C. EBELING lit le procès-verbal de la séance précédente.

Le procès-verbal est adopté sans observations.

M. le Président L. ULBACH : « La séance comprend une conférence
et une discussion de la question mise au programme du Congrès.
Je pense qu'il est préférable de commencer par la partie agréable
de la séance, la parole est à M. de Leva. »

M. de Leva lit son travail sur *Marino Sanudo et le rôle de la chronique dans l'histoire*, travail qui soulève à plusieurs reprises de vifs applaudissements.

M. le Président remercie l'orateur de son éloquente lecture, inspirée par le sentiment, la vérité et l'amour de la patrie. Il regrette pour sa part en cette circonstance de ne point comprendre assez les finesses de la langue italienne, et il souhaite aux orateurs suivants la même énergie et la même chaleur.

M. Pouillet a la parole sur la question des droits des auteurs et des éditeurs. Il explique comment cette question est née à Genève en 1886.

« Nous y avons appris qu'il existait dans le Code fédéral suisse un titre sur le contrat d'édition. Une commission nommée depuis à Paris a pensé que le moment était venu de poser les principes généraux sur ce genre de contrat. La minorité de la commission a pensé qu'il n'était pas besoin de faire un tel projet, pour elle le droit commun suffit; mais la majorité a conclu à la prise en considération. Elle a écarté d'ailleurs l'examen de ces droits en matière artistique.

« Il restait donc à poser des principes généraux que dans un congrès ultérieur on pourrait discuter complètement.

« M. Morel a proposé d'imprimer dans le *Droit d'auteur*, journal officiel du bureau de Berne, les principes qui seront admis, afin qu'on puisse les examiner pour l'avenir. Il faut donc, en résumé, prendre la question en considération en réservant toutes les questions ultérieures. »

M. Polacco s'élève contre l'opportunité de la prise en considération de pareilles matières. Pour lui, le droit commun suffit : ce n'est là qu'une sous-espèce de contrat de location, et il cite l'article 1173 du Code italien à l'appui de son opinion. Le contrat d'édition n'étant qu'un contrat à terme quelconque, pourquoi chercher à y apporter des délais spéciaux; pourquoi vouloir aussi limiter le nombre des exemplaires. Le code saxon le fait, il est vrai, mais peut-on, à sa suite, faire des définitions nombreuses qui varieront avec tous les usages locaux? Cette variété même prouve qu'il ne peut y avoir à ce sujet de règle fixe. La clause résolutive ordinaire du Code civil ne suffira-t-elle point pour tous les cas où l'auteur et l'éditeur contreviendraient aux usages qui ont presque force de loi?

Le projet de code germanique est, du reste, dans ces idées puisqu'il écarte délibérément tout titre relatif au contrat d'édition.

M. Diena, revenant à la question préalable, se demande s'il est utile ou non de poser les principes que nous examinons. Le contrat d'édition est un fait nouveau que les anciennes législations ne pouvaient avoir prévu. Il est désormais souhaitable, après la Convention de Berne, que les divers Etats aillent plus loin dans la justice que la société moderne veut rendre au contrat d'édition. Il est d'avis de mettre la question à l'étude, et puisqu'il y a des codes qui l'admettent, pourquoi ne l'admettrions-nous pas?

M. Allart, au nom de l'intérêt bien entendu des auteurs, combat cette proposition. Pour lui, toute codification est inutile, puisque,

avec la Convention de Berne, l'auteur possède l'outil nécessaire ;
il n'est pas besoin de le mettre en tutelle et il saura bien faire tous
les contrats qui lui seront le plus profitables. Et, d'ailleurs, n'aura-
t-il pas les tribunaux et le droit civil pour lui ? Les éditeurs ne
feront-ils pas comme le propriétaire des contrats contenant des
clauses qui seront en opposition avec la loi ?

« Au moins, actuellement, quand il n'y a pas de contrat, le droit
civil n'est pas léonin.

« Dans vos congrès vous avez déclaré que la propriété littéraire
est assimilable aux autres propriétés, s'il en est ainsi, vous allez
vous mettre en contradiction avec vos principes et déroger aux lois
relatives à la propriété. »

M. PANATTONI proteste contre ces allégations, aucun code n'est
suffisant pour la multiplicité des phénomènes qui nous intéressent.
Ce n'est là ni un contrat de vente ni un contrat de louage ordinaire
et certains codes l'ont bien compris ; prévoir les besoins de son
temps, ce n'est pas faire œuvre de casuistique. Le génie d'un auteur
n'appartient pas à sa seule patrie mais à tous les pays ; et il faut
que partout une même loi régisse les rapports des auteurs et des
éditeurs.

M. VAUNOIS attaque la loi qui interviendrait après les délibérations du Congrès. Si la propriété littéraire dérive du droit naturel,
le droit naturel suffit. Ne doit-on pas toujours résoudre dans la
jurisprudence les questions soumises aux tribunaux d'après l'intention des parties. Les opposants ne sont-ils pas toujours prêts à
déclarer que la propriété littéraire est un privilège, ne passerait-
elle pas, à coup sûr, pour un privilège, après la codification d'un
tel contrat spécial. Pour ces raisons, l'orateur croit que la loi actuelle est suffisante.

M. FAMBRI. — MM. Palacco et Vaunois pensent que le droit commun suffit, je ne suis pas de leur avis. Il est facile de dire que le
droit commun suffit, mais aura-t-on le courage de dire que la même
règle peut être appliquée à des choses complètement différentes.
Pourquoi ne pas poser des principes qui seront utiles à la magistra-
ture ainsi bien qu'aux défenseurs ? Expliquer plus clairement les
règles qui doivent être établies dans la matière n'est pas du temps
perdu, n'est pas chose inutile. La propriété littéraire est encore plus
sacrée que les autres propriétés ; elle est d'une autre nature, et c'est
pour cela qu'il lui faut une législation spéciale.

M. J. LERMINA dit que la mise à l'étude de cette question est la
suite du rôle de l'Association. A Rome est née l'idée de la Convention de Berne, qu'à Venise naisse celle du contrat d'édition ! Il reconnaît que la question est difficile, c'est une raison pour l'aborder
avec énergie ; et si la guerre règne entre les auteurs et les éditeurs
c'est qu'il n'y a pas une loi ferme et fixe qui régisse les rapports
qui existent entre eux.

M. LE PRÉSIDENT met aux voix la proposition de la commission.

RAPPORTS ENTRE LES AUTEURS
ET LES ÉDITEURS

Le Congrès émet le vœu que les rapports entre auteurs et éditeurs soient, en l'absence de conventions particulières, réglées par une loi spéciale.

Cette proposition est adoptée à l'unanimité moins trois voix.

M. POUILLET ajoute que toutes les questions dérivant de la proposition précédente devraient être publiées ; il désire que le Congrès se prononce à ce sujet et formule ainsi ce désir :

Le Congrès, sans s'approprier définitivement les propositions ci-après, émet le vœu qu'elles soient portées à la connaissance de tous les pays par la voie de la presse et notamment par le journal LE DROIT D'AUTEUR, *organe officiel du Bureau international publié à Berne, afin d'en provoquer une étude approfondie.*

Propositions :

1° L'éditeur qui acquiert d'un auteur le droit d'éditer une œuvre littéraire est tenu de la publier, c'est-à-dire de la produire dans le public à un ou plus moins grand nombre d'exemplaires ;

2° Si le contrat ne fixe pas le nombre des éditions, l'éditeur n'a le droit que d'en publier une seule, l'édition étant fixée par l'usage du lieu de la publication ;

3° Si la convention ne fixe pas un délai pour les publications, il appartient à l'auteur, après une mise en demeure restée infructueuse, de faire fixer ce délai par les tribunaux, sans préjudice de son droit à la résiliation ;

4° L'auteur qui a cédé à un éditeur le droit exclusif et sans limite de reproduire son œuvre en reprend la libre disposition et peut céder le même droit à un autre éditeur, si le premier cesse la publication ou se trouve dans l'impossibilité de la continuer;

5° Sauf convention contraire, la cession du droit d'édition n'emporte pas aliénation de la propriété du manuscrit ; en conséquence, l'auteur peut toujours exiger que l'édition se fasse sur une copie fournie par lui ;

6° L'éditeur, à moins de convention contraire, est tenu de publier l'œuvre telle qu'elle lui est remise par l'auteur, sans pouvoir la modifier d'aucune manière. Toute addition, même sous forme de notes ou de préface non consenties par l'auteur, lui est interdite ;

7° L'auteur a toujours le droit de faire à son œuvre les corrections qu'il juge nécessaires, sauf à supporter personnellement les frais imprévus qu'il imposerait par là à l'éditeur.

L'éditeur conserve d'ailleurs la faculté de s'opposer aux changements qui porteraient atteinte à ses intérêts commerciaux ou qui changeraient la nature et le but de l'ouvrage, s'il ne préfère la résiliation avec dommages-intérêts;

8° L'éditeur est, pour le temps et dans la limite du droit qu'il a acquis, investi du droit de faire respecter la propriété littéraire de l'œuvre, sans préjudice du droit personnel appartenant à l'auteur;

4

9° *Au cas où l'ouvrage publié est anonyme et aussi longtemps que l'auteur ne croit pas devoir le faire connaître, l'éditeur exerce seul et pleinement vis-à-vis des tiers les droits résultant de la propriété littéraire de l'auteur;*

10° *Il est à désirer que des principes analogues à ceux énoncés ci-dessus régissent les rapports entre les auteurs d'œuvres dramatiques ou lyriques et les directeurs de théâtres.*

Le Congrès vote à l'unanimité cette proposition et la séance est levée à 5 heures 3/4.

Séance du samedi matin 22 septembre 1888.

La séance est ouverte à 9 heures 1/2, sous la présidence de M. Louis Ratisbonne.

M. A. Ocampo donne lecture du procès-verbal de la séance précédente.

Le procès-verbal est approuvé.

M. le Président donne lecture d'une lettre par laquelle M. Paolo Ferrari s'excuse de ne pouvoir assister à la séance, étant rappelé à Milan par un deuil de famille. M. le Président pense être l'interprète des membres du Congrès en témoignant dans ces circonstances à M. Paolo Ferrari ses plus vives sympathies.

M. Fambri dit qu'il est à désirer que des principes analogues à ceux dont le Congrès s'est occupé dans la dernière séance, au sujet des rapports entre les auteurs et les éditeurs, règlent les rapports des auteurs dramatiques et musiciens avec les directeurs de théâtres, et il dépose sur le bureau la proposition suivante :

Il est à désirer que des principes analogues à ceux que le Congrès désire voir régler les rapports entre les auteurs et les éditeurs régissent les rapports des auteurs d'œuvres dramatiques, musicales, ou dramatico-musicales, et les directeurs de théâtres.

M. Pouillet pense que le Congrès n'a pas à voter sur la proposition de M. Fambri, attendu qu'elle rentre dans les questions dont on s'est occupé dans la précédente séance et qu'elle fait partie des propositions dont le Congrès a voté l'insertion dans le journal le *Droit d'Auteur.*

M. A. Ocampo combat l'opportunité de la proposition et pense que l'on doit s'en tenir aux termes dans lesquels les propositions ont été votées.

M. Fambri insiste pour que le Congrès émette un vote sur sa proposition, qui s'applique aux directeurs de spectacles, et l'appuie ainsi d'une façon spéciale. Cette proposition fait bien, en effet, partie de celles qui ont été rédigées par le Congrès et qui sont destinées à la publication; mais ces propositions n'ont pas été discutées par le Congrès et, par conséquent, n'avaient pas à être adoptées.

Aussi son désir est-il que le Congrès se prononce spécialement par un vote sur sa proposition.

Mise aux voix, la proposition de M. Fambri est adoptée.

M. POUILLET dit qu'il ne pense pas que l'on mette en doute que le droit de publication et celui de représentation soient deux droits distincts ; aussi ne croit-il pas utile d'entamer une discussion sur un sujet où tout le monde doit être d'accord ; il demande seulement au Congrès de se prononcer en votant la proposition suivante :

DROIT DE REPRÉSENTATION

La cession du droit de publier une œuvre musicale ou dramatique n'emporte pas, au profit de l'éditeur, le droit d'exécution ou de représentation de l'œuvre. Le droit continue à appartenir à l'auteur.

Mise aux voix, la proposition est adoptée à l'unanimité.

M. J. OPPERT dit que l'Association s'est continuellement occupée dans ses Congrès de protéger les œuvres des littérateurs ; à côté de ces œuvres, il y a celles des hommes de science qui sont aussi dignes de protection, et il demande que le Congrès prenne en main la protection des œuvres scientifiques au même point de vue que celle des œuvres littéraires, de façon qu'il n'y ait pas de distinction entre elles.

M. POUILLET regrette que M. Oppert n'ait pas déposé son vœu pendant une des séances de la commission, afin de formuler une proposition qui aurait pu être soumise au Congrès qui est à la fin de ses travaux ; la proposition de M. Oppert sera transmise à la Commission d'études du Comité exécutif pour la faire figurer à l'ordre du jour d'un de ses Congrès.

M. LE BAILLY :

Messieurs,

C'est un procès en contrefaçon littéraire et artistique que je viens introduire en 1888 à la tribune du Congrès ; je suis certain qu'après en avoir entendu l'exposé vous voudrez tous le défendre et en être les avocats.

En effet, il ne s'agit pas ici d'une de ces affaires vulgaires par leur personnalité égoïste : il s'agit de prendre en main les intérêts d'une nation qui a su répandre pour un usage spécial dans tous les pays du monde sa langue, son idiome, privilège consacré par le temps, les habitudes, et dont depuis quelques années cherchent à la déposséder d'autres nations.

Il s'agit de l'indication des mouvements musicaux.

Tous, nous connaissons, même les personnes n'aimant pas ou n'ayant jamais pratiqué la musique, l'habitude prise de mettre en tête, dans le courant d'une partition, d'un morceau de chant ou d'une composition instrumentale, certains mots italiens indiquant l'expression sentimentale à apporter dans l'exécution.

Voici, du reste, ce que dit à ce sujet le *Dictionnaire de musique de Lichtental* :

— Mouvement. — Movimento, s'entend du degré plus ou moins fort de vitesse ou de lenteur dans lequel on exécute un morceau de musique. Les différents degrés de mouvement se divisent en cinq espèces principales, selon l'ordre suivant :

1° Largo ou lento ;
2° Adagio ;
3° Andante ;
4° Allegro ;
5° Presto.

Tous les autres mouvements, comme, par exemple, le *grave*, le *larghetto*, l'*andantino*, le *tempo gusto*, le *tempo diminuetto*, l'*allegretto*, le *prestissimo*, ne sont que des modifications des cinq espèces que nous venons d'indiquer.

Ces derniers, généralement reconnus pour marquer les mouvements des compositions musicales, ne suffisent pas cependant, car on y ajoute dans l'usage certaines épithètes, telles que *affectuoso, agitato, amoroso, grazioso, maestoso, sostenuto, gusto, moderato, cantabile, con brio, vivace, spirituoso, assai*.

Etant indiqué et reconnu l'emploi des termes italiens, comment l'usage s'en est-il répandu ? Comment a-t-il été accepté et depuis quelle époque ?

Ici les documents abondent et prouvent d'une façon éclatante le droit par l'Italie à une propriété musicale dont elle a fait le dépôt légal dans tout l'univers.

Au VIᵉ siècle, l'Italie était déjà à l'époque de saint Grégoire le Grand la source de la musique.

Au XIᵉ siècle, Guido d'Arezzo, moine bénédictin, invente la portée, c'est-à-dire la notation musicale moderne, et donne aux notes de la gamme les noms que nous lui connaissons. La musique est sortie désormais du chaos du moyen âge, et possède une écriture qui lui assure des développements rapides.

La nouvelle méthode de Guido d'Arezzo est bientôt répandue par lui en France et en Allemagne.

Au XIIIᵉ siècle, saint Thomas d'Aquin compose des hymnes considérées encore de nos jours comme des chefs-d'œuvre et marque un point saillant dans la marche de l'art religieux.

Jean de Tapia, moine espagnol, fonde à Naples le premier Conservatoire en 1537.

Dans les premières années du XVIᵉ siècle, un Vénitien, Octave Petrucci de Fossembrone, invente les caractères mobiles de musique et imprime, en 1503, quelques messes de Pierre de la Rue.

Petrucci obtient du pape Léon X un privilège unique pour imprimer la musique pendant vingt ans dans toute la chrétienté.

Je constate avec plaisir que c'est à Venise, ville qui nous offre aujourd'hui une hospitalité si courtoise et si généreuse, que fut imprimée la première musique et que cette musique était une œuvre d'un compositeur français.

Ces deux dates, 1503-1888, se confondront désormais dans l'avenir et, comme la première a été le point de départ de la vulgarisation de l'art musical, la seconde sera aussi, par le vœu que je vous proposerai tout à l'heure et que vous adopterez, je l'espère, le point de départ d'une nouvelle fraternité musicale et artistique.

Les grands compositeurs, Constance Porta, l'abbé Mathieu Asola de Vérone, Jean-Marie Manini de Valérone, apportent ensuite quelques règles améliorant la modulation.

Le 19 juin 1565, exécution de la célèbre messe de Palestrina dite du pape Marcel, qui décide du sort de la musique religieuse.

A l'époque de Palestrina, la musique religieuse subit un moment l'influence néfaste de la musique profane et perd toute sa pureté, au point qu'un pape songe à la supprimer.

Il fut décidé que l'on chargerait Palestrina de composer une messe dans laquelle devait s'allier la majesté du service divin aux exigences de l'art. De cette épreuve devait résulter ou la conservation de la musique dans l'église, ou son exclusion.

Palestrina sort victorieux de l'épreuve, et la musique reste associée au service divin. Le génie de Palestrina a contribué pour une large part à mettre l'Italie au premier rang des nations qui ont le plus travaillé au développement de la musique.

Monteverde, en 1563, maître de chapelle de Saint-Marc à *Venise*, crée l'art musical moderne en innovant les dissonances de l'art de la modulation.

Cavalli, *Vénitien*, perfectionna le drame lyrique. C'est un de ses ouvrages qui fut choisi pour être représenté devant Louis XIV lors de son mariage avec Marie-Thérèse.

Le premier essai d'opéra entendu en France est dû à Zarlino.

Lulli (Florentin) crée l'opéra en France et lui donne sa forme actuelle. C'est à lui que nous devons l'institution de notre Académie de musique (l'Opéra actuel), grâce à des lettres patentes obtenues de Louis XIV.

Piccini, au XVIIIe siècle, devient célèbre en France par la rivalité qui s'établit entre ses partisans et ceux de Gluck.

A une époque plus rapprochée de nous, ROSSINI, qui composa à Venise ses premiers opéras, entre autres *Tancrède* ; BELLINI, DONIZETTI.

Cherubini est nommé directeur du Conservatoire de Paris. Grâce à sa sage direction des études, il fait acquérir à notre première école de musique la juste renommée dont elle jouit encore dans toute l'Europe.

Comme contemporains, citons Boïto, Verdi, parmi les plus illustres, surtout Verdi, dont le nom seul transportait d'enthousiasme les Italiens lors de leur lutte pour l'indépendance, en 1856. Le nom de Verdi était une protestation énergique contre l'occupation autrichienne et renfermait en lui tout l'avenir politique de l'Italie :

V.	E.	R.	D.	I.
VICTOR-EMMANUEL	ROI		D'	ITALIE.

Et après tous les noms, tous les faits que je viens de citer, l'on refuserait à la musique ses lettres de naturalisation en Italie !

Ce n'est pas possible !

Mais j'en reviens à mon sujet principal : *Movimento*.

De quelle époque faut-il faire partir l'emploi des mouvements musicaux ?

La date n'en est pas certaine, cependant l'on constate qu'en 1776 ces mouvements existaient déjà, puisque Maelzel, le célèbre inventeur du métronome, instrument adopté par tous les musiciens, avait rattaché les mots *andante*, *allegro*, etc., aux mouvements métronomiques.

A présent, pourquoi l'indication des mots italiens sur la musique ? C'est parce que cette indication est absolument indispensable pour la lecture et pour l'exécution ; à cet égard, je ne puis résister au désir de citer une autorité en la matière, le fameux Fetis ; voici ce qu'il dit :

« La douceur des sons produit en général sur l'homme des impressions de calme, de repos, de plaisirs tranquilles. Les sons intenses, bruyants, éclatants, excitent, au contraire, des émotions fortes, et sont propres à peindre le courage, la colère, la jalousie et les autres passions violentes ; mais, si les sons étaient constamment doux, l'ennui naîtrait bientôt de leur uniformité, et, s'ils étaient toujours intenses, ils fatigueraient l'esprit et l'oreille. Soit que l'on considère la mobilité des facultés de l'âme et les nombreuses métamorphoses dont elles sont susceptibles, soit qu'on n'ait égard qu'aux impressions des sons, on reconnaît bientôt que le mélange des sons doux et forts, et les diverses gradations de leurs successions, sont des moyens puissants de peindre les unes et de faire naître les autres. On donne en général le nom d'*expression* à ce mélange de douceur et de force, à ces gradations ou à ces dégradations d'intensité, enfin à tous les accidents de la physionomie des sons ; non qu'ils aient toujours pour objet d'exprimer ou des objets ou des sentiments, car ils ne sont souvent que le résultat de la fantaisie ou d'une impression vague et indéfinissable ; mais on ne peut nier que leur mélange bien ordonné n'ait pour effet de nous émouvoir d'autant plus vivement que l'objet est moins positif... Cette faculté d'exprimer de plusieurs manières les mêmes pensées musicales pourrait avoir de graves inconvénients dans un ensemble où chacun s'abandonnerait *à ses impressions du moment ;* car il pourrait arriver qu'un musicien exécutât avec force sa partie pendant qu'un autre rendrait la sienne avec douceur. De là, la nécessité que le compositeur indique sa pensée sous le rapport de l'expression, *par des signes non équivoques*, comme il le fait pour le mouvement. »

Il y a donc nécessité absolue, si l'on ne veut pas jeter une véritable perturbation dans l'esprit des musiciens, de conserver, d'observer les termes traditionnels des nuances, et cela par des mots italiens adoptés depuis plus d'un siècle, consacrés, comme la musique elle-même, par la coutume, l'usage, la tradition.

En diplomatie, la langue française est adoptée, et tous les instruments diplomatiques sont rédigés en cette langue. En musique, il en est de même, et c'est la langue italienne qui sert de trait d'union entre tous les musiciens du monde entier. Or, cela ne crée pas beaucoup de travail aux musiciens, avouons-le : une cinquantaine de mots à apprendre, une cinquantaine de mots, toujours les mêmes, que l'on voit toujours entre les portées, et vous voyez que l'effort n'est pas bien considérable. D'un autre côté, il serait souverainement désagréable à un musicien se trouvant à Posen de prendre le *Don Juan* de Mozart et de lire en allemand les indications de *nuance* et de *mouvement*. Comment comprendrait-il la pensée du maître, cet honorable musicien, s'il est Italien, Français ou Russe ; en un mot, s'il ignore la langue allemande ou *tutti quanti* ?

Donc, Messieurs, je me résume et je viens constater que la musique est la langue universelle par excellence :

1° Par la notation universellement adoptée ;

2° Par les mouvements métronomiques adoptés par tous les musiciens ;

3° Par les formules des nuances consacrées par le temps.

Supprimer un de ces éléments serait retourner en arrière et empêcher la diffusion de l'art musical, destiné plus que tout autre art à franchir les barrières que nos politiciens mettent entre les peuples.

Si les artistes ont une patrie, l'Art n'en a pas.

M. LE BAILLY propose au Congrès d'adopter le vœu suivant :

ANNOTATIONS MUSICALES

Le Congrès, reconnaissant que la musique doit conserver son caractère de langue universelle, de façon à être comprise par tous les peuples, émet le vœu que les formules, nuances, mouvements, soient indiqués en italien sur les œuvres musicales de tous les pays.

M. FAMBRI remercie M. Le Bailly de la preuve de sympathie que sa proposition donne à l'Italie.

Mise aux voix, la proposition est adoptée à l'unanimité.

M. FORTIS, au nom de la Société italienne des auteurs dramatiques, fait hommage à l'Association de ses statuts et de ses recueils.

M. le PRÉSIDENT lui adresse ses remerciements et dit que ces volumes trouveront leur place dans la bibliothèque de l'Association.

Il donne la parole à M. Ebeling pour procéder à l'élection des membres du Comité exécutif.

M. C. EBELING dit que, d'après les statuts de l'Association, les membres du Comité exécutif sont nommés pour une année, il y a lieu à chaque Congrès de procéder à une réélection. Si généralement le Congrès réélit les membres qui font déjà partie du Comité, il a le droit de nommer des membres nouveaux en remplacement des membres anciens. Le secrétaire général propose de rappeler pays par pays les membres que le bureau croit devoir désigner, invitant le Congrès à faire les propositions et observations qu'il croira utiles.

Le bureau propose pour :

L'Allemagne : MM. Carl W. Batz, docteur W. Lœwenthal, Robert Schweichel, Gustave Diercks.

L'Angleterre : MM. G. A. Henty, Leon Delbos, Clifford Millage, Campbell Clarke, G. H. Escott.

L'Autriche : MM. Hugo Wittmann, Edgar Spiégel, A. Friedmann.

La Belgique : MM. E. de Laveleye, Louis Cattreux, Cluysnaer, Radoux, Wilbaux, Frans Gittens, de Borchgrave, Dillens, Jules Carlier.

Le Danemark : MM. Richard Kauffmann, Robert Watt.

L'Espagne : MM. A. Calzado, Castillo y Soriano, Merry del Val, Carlos Luis de Cuenca, Eduardo Caballero de Puga.

La France : MM. A. Belot, Mario Proth, Alb. Liouville, Alph. Pagès, Armand Dumaresq, L. Lyon Caen, Ch. Lyon Caen, Ed. Clunet, Ch. Ebeling, Le Bailly, V. Souchon, Doumerc, Tony-Robert Fleury, Bayard, Lionel Laroze, Al. Cahen, Beaume, J. Kugelmann, J. Hetzel, A. Lefeuvre, Adrien Marie.

La Hongrie : MM. A. Saissy, L. Pulski, de Szemere, docteur Nordau, R. Chélard, Victor Rakosy.

L'Italie : MM. Carlo del Balzo, Al. Kraus, Fel. Carrotti, Castori, Molmenti, Bolaffio, Mayrargues, Polacco.

Les Pays-Bas : MM. G.-E.-V.-L. Van Zuylen, G.-A. Van Hamel, Taco H. de Beer, A.-C. Wertheim, W. Wintgens.

La Pologne : MM. Lad. Mickiewicz, Rechniewski, Pawlowski.

Le Portugal : MM. Ed. Coelho, Pinheiro Chagas.

La Roumanie : MM. Georges Djuvara, B.-P. Hasden.

La Suisse : MM. Ed. Tallichet, G. Becker, Aloys d'Orelli, Henri Morel.

Les membres proposés pour faire partie du Comité exécutif sont nommés successivement pays par pays à l'unanimité.

M. C. EBELING fait ensuite le résumé des travaux du Congrès, remercie les orateurs qui ont pris part aux discussions, les conférenciers qui, par leur délicate intention, ont donné au Congrès un charme et un attrait littéraires, et il rappelle les décisions qui ont été prises et cite les propositions qui ont été votées.

La séance est suspendue à 10 h. 20.

A la reprise de la séance, à 11 heures, M. LE PRÉSIDENT donne lecture d'une lettre de remercîments adressée à M. le Syndic de Venise par M. Haine, en réponse à une dépêche de félicitations qui lui avait été adressée à l'issue d'une conférence faite par M. Molmenti, le dimanche 16 septembre.

M. A. CALZADO a ensuite la parole et fait une conférence sur Goldoni et le théâtre comique en Italie; il est différentes fois interrompu par les applaudissements unanimes de l'assemblée.

Après lui, M. le professeur ANTONIO FRADELETTO fait, avec le même succès, une étude sur Goldoni et sur les rapports de la littérature italienne et de la littérature espagnole au siècle dernier.

Au nom du Congrès, M. LE PRÉSIDENT remercie les deux orateurs et dit que leurs conférences ont dignement couronné les travaux du Congrès.

Il est ensuite procédé à l'élection des membres du Comité d'honneur.

M. LE PRÉSIDENT propose de porter les suffrages sur M. le comte TIEPOLO, faisant les fonctions de syndic, qui nous a si merveilleusement reçus, sur M. le commandeur PAULO FAMBRI, président du Comité organisateur du Congrès, tâche dont il s'est si bien acquitté, et sur M. le professeur DE LEVA, dont nous avons été à même d'apprécier l'immense talent en assistant à sa conférence.

La proposition de M. le Président est accueillie par les applaudissements unanimes et prolongés du Congrès.

M. LE PRÉSIDENT proclame M. le comte TIEPOLO, M. le commandeur FAMBRI et M. le professeur DE LEVA membres du Comité d'honneur de l'Association.

La séance est levée à 11 heures 3/4.

Séance solennelle de clôture.

Le samedi 22 septembre 1888, à 2 heures, a eu lieu dans la grande salle du Sénat, au Palais ducal, la séance de clôture, avec la même solennité que la séance d'ouverture.

M. le préfet baron BRESCIA MORA préside, assisté de M. le comte TIEPOLO.

M. LE PRÉFET se lève et remercie les membres du Congrès de l'honneur qu'ils ont fait à l'Italie et particulièrement à Venise en la choisissant pour siège de leurs travaux. Ils peuvent être convaincus que Venise se souviendra toujours avec orgueil de ces jours qu'il ne peut mieux clore qu'en faisant des vœux pour que les congressistes, en regagnant leur patrie respective, emportent la conviction que l'Italie est un peuple sérieux qui, en échange, restera uni à eux par des liens de respect, d'affection et de fraternité. (Applaudissements.)

M. le comte TIEPOLO, syndic de Venise, commence par rappeler les paroles qu'il a prononcées à l'ouverture du Congrès : « Vous arrivez comme des amis, vous partirez comme des frères » ; il constate que sa prédiction s'est réalisée. Il salue les membres du Congrès au nom de la fraternité et de la paix ; il les salue au nom de Venise, qui, par sa voix, leur fait les adieux les plus affectueux. (Vifs applaudissements.)

M. PAULO FAMBRI prend la parole en ces termes :

Messieurs, vous vous êtes rendu compte ce matin, en écoutant notre illustre Secrétaire général, du résultat exact de nos travaux.

Votre cordialité, mes chers concitoyens, les généreux empressements de la mairie, l'hospitalité du chef de la province et de tous les habitants des localités environnantes ont pris aux congressistes une grande partie de leur temps et peuvent vous faire paraître invraisemblable la quantité des travaux que nous avons accomplis. Le temps suffit toujours aux discussions lorsque les matières ont été, au préalable, étudiées par les orateurs.

Nos illustres hôtes sont arrivés abondamment et puissamment pourvus d'études et de données pratiques, comme on avait lieu de s'y attendre de la part de si sérieux initiateurs et d'hommes aussi remarquables comme savants et orateurs ; de leur côté, ils ont trouvé à Venise, ainsi qu'ils ne cessent de le répéter avec cette

loyauté qui leur est propre, des études consciencieuses et approfondies des questions à l'ordre du jour.

Ils ont rencontré aussi, malgré l'admiration dont ils ont été l'objet, quelque opposition dont la forme respectueuse n'enlevait pourtant rien à sa ténacité et qui, en l'augmentant, a donné de la vie à
la discussion. Ils ont trouvé, ajouterai-je, non seulement la lutte
des idées et des doctrines, mais aussi celle des intérêts, car les éditeurs
et les libraires, très médiocrement dévoués à nos idées, ont pris la
parole et s'en sont servis avec une certaine pénétration qui, quoique courtoise, n'en était pas moins hostile.

Les théories des doctrinaires ainsi que les intérêts les plus oppo-
sés sont entrés en lice et se sont trouvés face à face ; les questions
ont été étudiées sous tous les points de vue, surtout dans les séances de la Commission, et discutées en s'appuyant sur tous les codes
européens, en allégeant les cas spéciaux qui pouvaient se produire,
en écoutant les réfutations, en produisant de nombreux documents, en un mot avec tout ce qui peut rendre un débat mémorable, c'est-à-dire la compétence doctrinale et la compétence
pratique.

La brièveté du temps a eu le grand avantage de rendre les orateurs laconiques et la présidence inexorable. Le président élu par
ses collègues s'est rappelé que le plus grand des mérites d'un président est d'être ingrat vis-à-vis de ceux qui l'ont choisi, en les obli-
geant à regagner leurs places, qu'ils l'aient quittée de leur plein
gré ou pour donner l'essor à leur éloquence, et à ne distraire l'attention d'autrui ou la leur propre par le moindre mot.

La brièveté du temps est un avantage par ces deux grandes
raisons.

Avant tout parce que chacun sait qu'il doit venir préparé et qu'il
ne pourra pas se mettre au courant des questions en écoutant les
longues harangues explicatives et didactiques des orateurs ; lorsque, dans ce Congrès, il y a l'inoubliable *oportet studuisse*, aucun
incompétent dans la matière ne prend la parole ou même, s'il la
prend, il s'aperçoit bientôt de la nécessité d'y renoncer.

La seconde raison est que ceux-là mêmes qui sont compétents
répriment leur éloquence, s'en tiennent au sujet qu'ils ont à traiter
et vont droit au but et à la conclusion.

C'est seulement par toutes ces considérations, Messieurs, que
je puis vous expliquer la quantité des travaux qui ont été exécutés
malgré tant de charmantes et courtoises distractions.

Mais, en dehors de ces résultats, nous en avons obtenu un autre
plus précieux encore, celui que souhaitait à juste titre M. le maire
de Venise le jour de l'inauguration de notre Congrès : « Vous nous
êtes arrivés en amis, espérons que vous nous quitterez en frères »,
a-t-il dit ; eh bien ! désormais, à cette phrase très heureuse, il n'y
a qu'un seul mot à changer : au lieu d'*espérons*, il faut mettre nous
certifions, tellement cela est vrai. Pendant tous ces jours-ci, les
sympathies et l'admiration se sont développées et enchaînées d'une
façon bien singulière, favorisées par la noblesse des intentions et
la nécessité pratiquement reconnue d'une marche serrée et énergique vers le but que de nombreux adversaires ne veulent pas
encore admettre. Cette réunion a fait faire de véritables progrès à
la question spéciale, mais elle en a fait faire de plus grands encore

à tout ce qui tient à la question morale, qui est vraiment la base de toute chose, car le sentiment est toujours plus puissant que les intérêts, et, même à notre époque si calomniée, il faut reconnaître que les affections sont plus fortes que les autres liens. Aucune éloquence, Messieurs, ne pourrait dépeindre la bonne entente qui a existé entre nous pendant ces quelques jours, et comment, au milieu de la fréquente diversité d'opinions, nos âmes ont été tellement attirées les unes vers les autres pour former des liens si sympathiques que le temps et l'éloignement seront impuissants à les détruire.

C'est là une nouvelle preuve qu'il suffit de s'élever pour pouvoir se comprendre et se rendre justice ; c'est là ce qui nous a unis si sérieusement et si profondément les uns aux autres, en sorte que l'amitié qui en est jaillie sera non seulement durable, mais ne pourra que s'accroître. Nous le ressentons, et nous n'avons qu'un but, qui est de l'augmenter ; nous y arriverons certainement. Je suis persuadé qu'en France, partout où se trouvera un de ces chers collègues qui assistent à cette séance d'adieux, il sera impossible de soutenir, sans être aussitôt réfuté, qu'en Italie on n'aime pas, et on ne révère pas le pays qui nous a si généreusement donné tant de lumières et de sang. J'en suis aussi sûr qu'en Italie même aucun de nous n'écoutera, sans protester énergiquement, les affirmations inexactes qu'on pourrait émettre sur les vrais sentiments des Français qui aiment véritablement le pays qu'ils illustrent.

C'est là le mandat, et je dirai même la mission de patriotes éclairés des deux nations. C'est le mot sacramentel de notre immortel fondateur : *Que les littérateurs commencent, les peuples les suivront.*

Ce mot est dur, mais la nécessité de commencer ne vient pas des hommes qui font des livres, mais de ceux qui font des libelles et qui ont travaillé et travaillent à envenimer les situations et les esprits.

Que les vrais littérateurs commencent dans toutes les circonstances et par tous les moyens, que leur plume surpasse en bienfaits le mal que produit la rage de la politique. Il y a neuf muses et seulement trois furies ; n'est-ce pas là une majorité ? Pour peu que l'esprit du grand Victor Hugo plane autour de nous, cette sainte supériorité ne pourra rester longtemps méconnue !

Le père DENJA, président du Congrès de météorologie, fait un court exposé des travaux du Congrès des météorologues, et constate que pendant leur séjour à Venise ils ont fait luire le soleil ; il termine son discours en remerciant vivement les autorités et la ville de Venise.

M. le commandeur LEONE FORTIS s'exprime en ces termes :

« Messieurs, permettez-moi, au moment de clore nos travaux et de nous séparer, de vous saluer au nom de la Société des auteurs de Milan que j'ai eu l'honneur de représenter à notre Congrès avec M. Paolo Ferrari et M. Emilio Trèves.

« Notre Société désire que les membres de l'Association littéraire et artistique internationale tant à Paris qu'à l'étranger soient convaincus de l'intérêt qu'elle porte à la noble cause à laquelle tendent vos travaux et à ceux auxquels je viens d'assister. Notre

Société désire que vous sachiez qu'elle existe depuis 1882, qu'elle s'inspire de vos exemples pour faire respecter la propriété intellectuelle. » L'orateur cite le texte de la circulaire qui a été rédigée en vue de la constitution de la Société et qui retrace le but auquel elle tend.

« Notre Société désire que vous sachiez qu'elle est votre alliée, une faible alliée il est vrai, mais qui vous apporte son propre contingent d'espérance, de travail, de bon vouloir et d'activité.

« Ces six années ne se sont pas passées sans travail et sans résultat. Elle a constitué un conseil légal composé de jurisconsultes les plus compétents dans la matière qui, par ses décisions, quand il a été pris pour arbitre, a rendu de véritables services à la cause de la propriété littéraire et qui, grâce à la valeur de ses membres, voit l'autorité de ses décisions respectée par les tribunaux.

« Elle a fondé un journal qui a pour titre le *Droit d'Auteur* et qui a précédé de quelques années le journal qui porte le même titre et que publie à Berne, depuis neuf mois, le bureau de l'Union générale.

« Ce journal publie tous les actes, les faits, les notices et les arrêts qui ont trait à la propriété littéraire, et je demande à M. le Président de nous mettre à même de publier les discussions et les résolutions du Congrès. »

L'orateur rappelle que la Société a réuni en deux volumes la récente convention internationale qui a trait à la propriété littéraire et qu'elle se propose d'y joindre tout ce qui aura été publié sur la matière ; qu'elle a fait un règlement pour la perception des droits sur les exécutions musicales, règlement qui n'existe que depuis quelques mois et qui a déjà produit d'heureux résultats, qui ne sont pas inférieurs à ceux obtenus par la Société des gens de lettres de Paris.

« Nous espérons que les résultats, qui pour la première année ont été de 14,000 lires, s'élèveront à 1 million et demi. La Société a fait également un autre règlement pour la perception des droits d'auteur sur les œuvres dramatiques et elle a à cet effet choisi des agents et des représentants.

« Permettez-moi de vous rappeler que notre gouvernement avait choisi comme représentant à la conférence de Berne le vice-président de notre Société à Milan, l'avocat Rosmini, qui, au cours de la conférence, a fait valoir la voix et l'autorité de notre pays.

« Enfin le gouvernement a daigné prendre notre avis lors du renouvellement du traité concernant la propriété littéraire avec l'Autriche et les autres puissances.

« Voilà, Messieurs, la biographie de la Société italienne des auteurs; elle est jeune et faible, mais elle a la foi, la confiance et l'ardeur de la lutte.

« Travaillons, Messieurs, pour faire une œuvre utile et féconde, travaillons dans ce champ de la littérature, des sciences et des arts, pour défendre les droits des auteurs qui sont l'indépendance du génie, comme nous avons combattu sur d'autres champs pour l'indépendance des peuples. Travaillons ensemble, c'est le meilleur moyen pour dissiper les nuages qui peuvent quelquefois troubler mais non détruire les liens intimes de la famille.

« Permettez-moi de finir en vous assurant que notre Société s'occupera toujours avec zèle et conscience des questions et problèmes que vous voudrez bien lui soumettre et qu'elle sera heureuse de prêter son concours à l'œuvre commune, concours modeste, mais qui ne sera pas improductif. »

M. JULES OPPERT, au nom du ministre de l'instruction publique de France, remercie les autorités, le Président et le Comité d'organisation du Congrès ; la ville des Doges a démontré une fois de plus son hospitalité et son affabilité. Il dit que le Comité et son Président, M. Fambri, ont droit à toute la reconnaissance de l'Association.

Il ajoute que la France a tenu à se faire représenter officiellement au Congrès et il regrette que cet exemple n'ait pas été suivi par les autres puissances.

M. CASTILLO Y SORIANO prend ensuite la parole en espagnol.

Messieurs,

Permettez que résonne, en d'imparfaits accords assurément, dans la belle Italie, patrie de Dante, la langue de l'auteur de *Don Quichotte*, la langue de l'Espagne. Au surplus, je sais fort bien, par expérience, qu'Italiens et Espagnols se comprennent, du reste, en parlant chacun dans l'idiome de leur pays.

Je ne pensais pas avoir à vous importuner de mes paroles, à interrompre ainsi le remarquable concert d'éloquence qui vous a tenus sous le charme depuis l'ouverture du Congrès jusqu'à ce moment même ; mais d'inéluctables devoirs m'obligent à réparer une involontaire omission commise par M. Oppert, représentant du ministère de l'instruction publique de France. Notre honorable collègue, exaltant selon toute justice l'intérêt montré par la France et son gouvernement en tout ce qui concerne la propriété littéraire, disait que si dans cette mémorable réunion internationale, diverses nations étaient dignement représentées, le ministère de l'instruction publique de France était le seul des ministères européens à y avoir envoyé une délégation officielle. Je dois faire remarquer que le ministère de *Fomento* d'Espagne, comme je l'ai antérieurement fait connaître par les lettres de créance que j'ai eu l'honneur de produire, m'a accordé la faveur bien immérité de le représenter officiellement au Congrès de Venise.

L'Espagne, quant à la propriété littéraire, a la gloire de posséder une loi modèle, une loi en accord avec les principes que défendent les partisans des doctrines les plus progressistes, les plus hardies en la matière. Aussi nous bornons-nous la plupart du temps à demeurer spectateurs de ce noble combat des idées, où la lutte a pour objet d'étendre aux autres pays les avantages concédés dans la loi espagnole.

Quel plus grand témoignage de l'intérêt de l'Espagne que cette même loi ? Quelle meilleure preuve de l'ardeur que lui inspire la périodique et constante célébration de ces Congrès que la vive et invariable sollicitude avec laquelle elle y assiste ?

Il est juste d'affirmer, en constatant ces résultats, qu'ils sont dus en grande partie à l'Association des écrivains et artistes espagnols, dont le président actuel, l'éminent poète D. Gaspar Nunez de Arce, un des auteurs de la loi espagnole, manifeste si activement son désir de voir la propriété intellectuelle devenue un fait accompli chez tous les peuples civilisés. A Paris, Lisbonne, Vienne, Rome, Berne, Amsterdam, Anvers, Bruxelles, Genève et Venise, dans tous les Congrès, cette Association a toujours été représentée, et je ne parle pas du Congrès de Madrid, puisqu'elle constituait le Comité d'organisation. Mais il faut aussi reconnaître que l'initiative et les travaux de l'Association espagnole seraient infructueux s'ils ne trouvaient un appui certain et sans limite dans le gouvernement, et spécialement dans le ministère de *Fomento*, direction de l'instruction publique.

Pour nous, nous ne voyons pas seulement dans ces Congrès le moyen efficace d'affirmer la réalisation d'un droit, mais la manière essentiellement pratique d'établir et consolider des relations de fraternité sincère entre les écrivains et les artistes de tous les pays. Aussi notre Association a-t-elle toujours eu les bras ouverts pour recevoir les confrères du monde entier; et quand nous voyons venir à nous les Portugais, les Français, les Italiens... notre hospitalité n'est pas celle qu'impose le froid devoir de la courtoisie, c'est celle qui naît des impulsions du cœur. Quand vos compatriotes ont honoré Madrid de leur visite, ils ont pu le remarquer : nous ne les recevions pas comme des hôtes, mais comme des membres de notre propre famille qui entraient dans leur demeure, de droit.

Je termine en donnant un salut à l'éminent préfet de la Vénétie, qui avec tant de bonheur occupe l'une des premières places de la présidence ; à MM. Ratisbonne et Ulbach, dignes présidents du Congrès ; au secrétaire perpétuel Jules Lermina, l'âme, la vie de l'Association littéraire et artistique internationale; à l'aimable municipalité de Venise, personnifiée par un gentilhomme accompli, le comte Tiepolo ; au commandeur Fambri, président de l'Athénée et du Comité de réception ; à l'actif secrétaire M. Mayrargnes, et à la presse vénitienne, dans laquelle se trouve représentées, sans aucun doute, Venise et l'Italie entière, et à laquelle nous devons d'inoubliables sentiments d'affection et de respect.

Que l'Association littéraire et artistique internationale continue donc son œuvre de justice et de progrès : le succès couronne ses efforts, son labeur constant est fructueux et fécond. Le jour est prochain déjà où la Convention de Berne fera la loi internationale.

Et, en voyant le chemin parcouru, on peut penser qu'il n'est pas éloigné non plus l'accomplissement de la superbe prophétie de Victor Hugo : « De l'union des hommes d'intelligence surgira la pacification des âmes. » — J'ai dit.

(Traduction de M. A. Ocampo.)

M. LOUIS RATISBONNE prononce le discours suivant :

Merci à vous, Monsieur le Préfet, à vous le représentant du gouvernement italien au Congrès de Venise ; merci à vous, Monsieur le syndic comte Tiepolo, qui représentez la cité, et à vous, Monsieur Fambri, et à vos dignes acolytes, président du comité vénitien. Merci ! Merci !

Après nous avoir donné ici la bienvenue dans le vieux palais des Doges ; après nous avoir, pendant huit jours, comblés des marques de votre plus bienveillant intérêt, récréés au milieu de nos travaux par des excursions et des fêtes où vous appelez à votre aide le soleil qui nous a illuminés, sans compter ; mais non, il faut dire en comptant toutes les attentions, toutes les prévenances délicates, toutes les preuves imaginables de sympathie, c'est ici encore, dans votre vieux palais, que, pour leur donner plus de lustre, vous avez voulu, avec nous, clore solennellement nos travaux.

Ah! Messieurs, si au départ pour le Congrès de Venise quelques esprits trop timorés ont d'aventure appréhendé que le moment ne fût pas pour nous le plus favorable, ils peuvent voir combien ils se sont trompés! C'est qu'il n'y a pas de moment pour nous. C'est que nous, les écrivains, les artistes, les jurisconsultes, nous nous donnons la main bien au-dessus des agitations, des fluctuations ou des conflits politiques, dans les pures et tranquilles régions du beau, du vrai, du droit. Les souverains et leurs ministres ont des entrevues qui ne visent sans doute que la paix; ils le disent et on les croit, et cependant leurs rencontres laissent dans l'opinion comme une vague inquiétude.

Pour nous, rien de pareil. Venus de tous les points de l'horizon, nos rencontres en dehors de leur but spécial n'ont pour effet que de mettre en lumière les sentiments intimes des peuples dans ce qu'ils ont de plus fraternel, et quand nous nous rencontrons avec des ministres ou des préfets pour les ministres empêchés, c'est un échange de courtoisies et de pensées amies qui ne donnent rien à penser à personne.

Nous devons aussi un grand remerciement aux membres du Congrès, à ceux qui y ont pris une part active, comme à ceux qui l'ont suivi avec tant d'attention et de zèle. Et je n'aurais garde d'oublier les dames vénitiennes qui ont assisté à nos travaux souvent arides avec un intérêt qui témoigne de leur haute culture intellectuelle. Elles auraient pu être un danger en détournant trop vivement l'attention du Congrès, elles en ont été seulement la parure, une parure « au point de Venise ».

Messieurs, nos travaux sont terminés. N'ayez pas peur que je tente ici de les rappeler même en abrégé. Le résumé du président des assises après les débats a été supprimé en France; on a bien fait; c'était avoir trop mauvaise opinion de l'intelligence de ceux qui venaient de tout entendre que leur répéter même en abrégé, ce qu'ils avaient fort bien entendu et compris, sans compter les autres inconvénients. D'ailleurs, notre excellent Secrétaire général a dit tout le nécessaire à la séance de ce matin.

Quelques observations seulement, Messieurs. Nous n'avons traité que quelques questions, les plus pressantes; elles ont donné lieu à des discussions serrées, quoique rapides. Nous n'avons pas pu regretter qu'elles n'aient pas eu le temps de se développer, puisqu'elles ont été coupées par des conférences du plus haut intérêt. Je ne puis m'empêcher de signaler la part considérable prise à ces discussions par MM. les Italiens qui avaient pris soin d'avance d'approfondir la matière du programme et qui ont apporté dans les discussions de droit le génie romain. Notre grand juriste Pouillet m'en disait encore ce matin son ravissement.

Ils nous ont aidés à exprimer quelques vœux dont la réalisation constituera un progrès. Nous nous en félicitons d'avance.

Après les vœux que nous nous félicitons d'avoir exprimés, permettez-moi de nous féliciter des vœux que nous n'avons pas exprimés, que nous avons ajournés pour les mûrir.

Rien d'aussi dangereux que les vœux inconsidérés. Vous vous rappelez le conte des trois souhaits. Une fée apparaissant à deux pauvres bûcherons leur promit d'exaucer les trois souhaits qu'ils formeraient. Le bûcheron joyeux s'écria sans réfléchir : « La bonne fée m'a donné l'appétit, je mangerais bien un peu de boudin. » Immédiatement il vit un magnifique boudin sur son assiette. « Oh ! stupide, dit la bûcheronne, je voudrais qu'une aune de ton boudin t'allongeât le nez ! » Sur-le-champ le boudin quitta l'assiette et orna d'un appendice formidable le nez du bûcheron. Ce que voyant, la bûcheronne, qui était bonne femme au fond, regretta son emportement et demanda pour troisième souhait que son pauvre mari défiguré revînt à l'état naturel.

Oui, mais ils n'avaient plus le droit de faire un vœu de plus. Voilà nos deux bûcherons aussi pauvres qu'auparavant et plus malheureux.

Il y a des vœux faits sans nombreuses réflexions, dans un mouvement d'âme spontané, qui ne sont pas pour cela inconsidérés ! Ainsi nous avons, spontanément et par acclamation, souhaité que S. M. le Roi d'Italie acceptât d'être notre protecteur. Ce protectorat ne portant d'ombrage à personne, nous avons eu la joie de recevoir au cours de ce Congrès un télégramme du Roi qui exauce notre souhait de la façon la plus hautement flatteuse pour notre œuvre. J'ai fait ressortir, quand je l'ai reçu, sa haute portée littéraire et internationale. L'œuvre de l'écrivain est reconnue par le Roi « une propriété sacrée » et ce télégramme du Roi est proprement l'événement du Congrès.

Nous ne pouvons mieux le clore que comme nous l'avons commencé, par une acclamation reconnaissante à S. M. Humbert, roi d'Italie.

Et maintenant, allons dire adieu à Venise, sur la tombe de Manin, à Saint-Marc !!

La séance est levée à 3 heures.

HOMMAGE A DANIEL MANIN

A l'issue de la séance, l'Association avait préparé une manifestation en l'honneur de Daniel Manin.

A bas de l'escalier des Géants, dans la cour du palais ducal, se tenait un détachement de pompiers civils portant une couronne avec cette inscription :

A DANIEL MANIN
L'ASSOCIATION LITTÉRAIRE ET ARTISTIQUE INTERNATIONALE
CONGRÈS DE VENISE
SEPTEMBRE 1888

Les autorités et les congressistes se rendirent alors en corps à la tombe de Daniel Manin, où M. LOUIS RATISBONNE a prononcé le dis-

cours suivant et lu un sonnet qu'il avait composé pour cette cérémonie :

« Nous nous demandions comment nous pourrions reconnaître
l'accueil vénitien de la façon qui toucherait le plus les nobles
cœurs auxquels nous devons ce fraternel accueil ; nous nous sommes dit : « Nous irons sur la tombe de Manin ! »

« Nous prouverons que nous nous associons comme des frères à
leur culte perpétuel pour le grand mort qui a affranchi Venise de la
domination étrangère, pour le grand honnête homme qui a montré,
avant que l'Italie fût une et libre, que l'Italie était digne de la
liberté.

« Chaque année, Venise vient processionnellement s'incliner
devant le mausolée du libérateur : nous porterons, avant de partir,
une couronne à la cendre sacrée.

« Représentants de toutes les nations, Manin est à nous tous. Il
est de ceux, — et il en est au suprême degré, — que l'admiration
et la reconnaissance publiques ont placés où ils ont combattu, au-
dessus des partis, des passions politiques, des formes de gouvernement, dans les sphères où l'on ne s'agite que pour les saintes
causes et où celui qui combat chez lui pour la justice combat pour
le monde entier. Voilà pourquoi toute l'Italie partage le culte de
Venise pour Manin, et pourquoi le monde entier rend hommage au
libérateur avec Venise et l'Italie.

« Nous, les amis de la France, nous avons pour Daniel Manin
quelque chose de plus intime et plus tendre que les autres nations.
Les années de son poignant exil se sont écoulées à Paris, où chacun l'entourait d'une affectueuse vénération ; mais personne ne
pouvait rien pour le consoler, car tout ce qu'on a dit de l'exil et de
ses souffrances, il faut le doubler, nous le sentons bien aujourd'hui,
quand on est exilé de Venise.

« Et à cet exil sans pareil, au seuil duquel tombait derrière lui la
compagne de sa vie, se joignait bientôt pour Manin cette désespé-
rance : la perte d'une fille chérie, longuement, vainement disputée
à la mort. Elle dort là avec sa mère près de lui. On les a réunis
quand le corps de Manin a été rapporté, en 1866. Quelqu'un a dit
alors éloquemment :

> Avec la liberté Manin quitta Venise,
> Manin rentre à Venise avec la liberté.

« Oui, mais, hélas ! il y est rentré sans la revoir, avec ses larmes
pétrifiées dans ses grands yeux fermés pour toujours !...

> Manin ! à l'heure sombre où le Droit agonise,
> Je t'ai connu, saignant dans ton cœur, dans la chair,
> Pleurant ta fille morte et ton pays si cher,
> Ta ville par toi libre, et sous le joug remise !
>
> Je t'ai connu, souffrant l'exil qui s'éternise,
> Montant l'âpre escalier, mangeant le pain amer,
> Te plongeant dans ton deuil profond comme la mer.
> Salut, le Droit l'emporte, et tu dors à Venise !

As-tu conquis le ciel promis aux fiers combats ?
Change-t-il en joyaux tes durs pleurs d'ici-bas ?
Hélas ! je ne le sais, ô grande âme meurtrie !

Je ne sais pas si Dieu t'a rendu ton enfant ;
Mais tu peux à Saint-Marc reposer triomphant,
Car il a pour toujours délivré ta patrie !

M. le comte Tiepolo donne ensuite le signal des applaudissements et remercie chaleureusement M. Louis Ratisbonne.

Le Secrétaire général,

Charles Ebeling.

Dans un de nos derniers bulletins, les qualités de notre excellen confrère M. Carl W. Batz ont été inexactement indiquées. M. Carl W. Batz, membre du Comité exécutif, est représentant des droits des auteurs en Allemagne.

ORDRE DES DINERS MENSUELS

—

1889

—

Les diners mensuels pour l'année 1889 sont fixés aux dates suivantes :

Jeudi 17 janvier.	**Jeudi 18 juillet.**
Mardi 19 février.	**Mardi 13 août.**
Jeudi 14 mars.	**Jeudi 19 septembre.**
Mardi 16 avril.	**Mardi 15 octobre.**
Jeudi 16 mai.	**Jeudi 14 novembre.**
Mardi 18 juin.	**Mardi 17 décembre.**

Nous rappelons aux membres de l'Association qu'ils ont la faculté de convier des invités à ces banquets.

Des lettres de rappel sont adressées chaque mois aux membres associés, leur faisant connaître le lieu de la réunion. Ils sont instamment priés pour la bonne organisation du service et pour éviter les embarras que cause l'absence de réponses, d'envoyer leur adhésion au plus tard quarante-huit heures avant la date du banquet.

www.ingramcontent.com/pod-product-compliance
Lightning Source LLC
LaVergne TN
LVHW021724080426
835510LV00010B/1131